Das strukturierte Verkaufsgespräch

Dieter Döring • Markus Zeller

Das strukturierte Verkaufsgespräch

Die wichtigsten Werkzeuge für den Vertrieb und ihre Anwendung in der Praxis

Springer Gabler

Dieter Döring
Oldenburg, Deutschland

Markus Zeller
Bremen, Deutschland

ISBN 978-3-658-37165-4   ISBN 978-3-658-37166-1 (eBook)
https://doi.org/10.1007/978-3-658-37166-1

Die Deutsche Nationalbibliothek verzeichnet diese Publikation in der Deutschen Nationalbibliografie;
detaillierte bibliografische Daten sind im Internet über http://dnb.d-nb.de abrufbar.

Springer Gabler

Illustrationen: Paul Bresan

Lektorat/Planung: Imke Sander
Springer Gabler ist ein Imprint der eingetragenen Gesellschaft Springer Fachmedien Wiesbaden GmbH
und ist ein Teil von Springer Nature.
Die Anschrift der Gesellschaft ist: Abraham-Lincoln-Str. 46, 65189 Wiesbaden, Germany

Vorwort

Die Säge schärfen

Es gibt immer einen Grund, warum man nicht vorbereitet und reflektiert in ein Verkaufsgespräch gegangen ist und die substantiellen Instrumente des strukturierten Verkaufens nicht angewendet hat.

Es fehlte zum Beispiel wieder die Zeit, um sich ordentlich vorzubereiten. Da war ja noch die Präsentation für die Chefetage. Außerdem kennt man den Kunden schon viele Jahre lang, da wird das Gespräch schon laufen.

Um dieses Verhaltensmusters einzuordnen, hilft das Beispiel von Stephen Covey (vgl. Covey, 2005): Er beschreibt einen Holzfäller, der mühsam und mit wenig Erfolg Bäume fällt. Seine Säge ist zu stumpf. Aber er hat keine Zeit die Säge zu schärfen, weil er sägen muss. Diese Ausrede sollten Sie nach der Lektüre dieses Buches nicht mehr anwenden.

Unser Vorschlag an Sie lautet: Lassen Sie Ihre üblichen Entschuldigungen und Rechtfertigungen hinter sich und bringen Sie den Willen mit, sich persönlich und nachhaltig zu entwickeln.

Lassen Sie uns die Säge schärfen!

Warum dieses Buch?

Unsere Literaturrecherche ergab, dass die weichen Faktoren in den allermeisten Veröffentlichungen zum Thema Verkauf im Vordergrund stehen.
Also Leidenschaft, positive Einstellung, Wille und Enthusiasmus. Und
nicht zu vergessen, die Tugenden Fleiß und Durchhaltewillen oder die
Devise: „Du musst es nur wollen."

Diese Eigenschaften machen auch in hohem Maße den Erfolg aus, sie
sind aber nicht die einzigen Notwendigkeiten des erfolgreichen Verkaufens und haben in erster Linie einen charakterlichen Ursprung im
Individuum des Verkäufers.

Dazu passen folgende Aussagen: „Verkaufen kann man, oder man
kann es nicht." Oder: „Der eine hat das Verkäufer-Gen, der andere
nicht." Das ist aus unserer Sicht der falsche Ansatz.

Dieses Buch möchte dazu beitragen, dass Sie von Ihren Kunden als ein
engagierter, durchsetzungsstarker Verkäufer wahrgenommen werden, der
vor allem sein Handwerkszeug beherrscht. Damit können Sie sich positiv
von folgenden weniger professionellen Verkäufertypen abheben:

* Dem Typ **Hochdruckverkäufer**, der den Eindruck vermittelt, um
  jeden Preis etwas verkaufen zu wollen.
* Dem Typ **Minimalverkäufer**, der wie folgt argumentiert: „Nehmen
  Sie dieses Produkt, damit können Sie nichts **falsch** machen". Aus
  unserer Sicht kann das Versprechen „nichts falsch zu machen" keine
  professionelle **Nutzenargumentation** begründen.
* Oder dem **Ich-bezogenen Verkäufer**, der annimmt (garniert mit aus-
  ladender Körpersprache), dass seine eigenen Bedürfnisse deckungsgleich mit denen des Kunden seien. Sein Ansatz lautet: „Nehmen sie
  das hier, das nehme ich auch immer."

Diese Beispiele zeigen: Oft fehlt eine Anleitung zu den handwerklichen
Instrumenten eines Verkaufsgesprächs und zur erlernbaren Fähigkeit,
sich in die Situation des Kunden zu versetzen, damit vertrieblicher Erfolg
nachhaltig wirkt und nicht Zufällen geschuldet ist.

Dieses Buch will Sie in folgenden Fällen und Situationen inspirieren und trainieren:

- Wenn Sie selbst aktiv im Vertrieb im direkten Kundenkontakt sind.
- Wenn Sie eine Vertriebsorganisation führen und Ihre Mitarbeiter extern trainieren lassen wollen.
- Wenn Sie Ihre Mitarbeiter selbst aktiv trainieren wollen.

Bei uns ist alles ganz anders
Haben Sie diesen Satz auch schon in Gesprächen im eigenen oder in anderen Unternehmen gehört, wenn es um Vertrieb und Verkaufen geht? Unserer Ansicht nach ist diese Aussage zumindest tendenziell falsch.

Zunächst ist es grundsätzlich nicht relevant, ob Sie Yachten, Versicherungen, Lebensmittel, Autos oder sonstige Produkte und Dienstleistungen verkaufen. In der Regel müssen Sie im ersten Schritt Termine vereinbaren, sich auf den oder die Kunden vorbereiten, das Gespräch eröffnen, eine **Bedarfsanalyse** machen … und sich auf den „Stuhl" der Kunden setzen.

Diese gerade aufgezählten Instrumente sollten sitzen, unabhängig davon, was Sie verkaufen. Schauen wir dazu einmal über den vertrieblichen Tellerrand hinaus und werden ein wenig universell. Ein Feuerwehrmann kann noch so engagiert sein, er wird den Brand nicht löschen, wenn er nicht sein Handwerkszeug, d. h. seine Instrumente wie Löschmittel und Schlauch, benutzt. Und wenn Sie Ihr Auto in die Werkstatt bringen, dann wird der Motor nicht nur durch engagierte Mechaniker repariert, sondern zusätzlich durch eine Vielzahl hochspezialisierter Werkzeuge.

Diese Beispiele zeigen die allgemeine Notwendigkeit des Einsatzes von handwerklichen Instrumenten unseres Erachtens nachvollziehbar und widerlegen den Glaubenssatz: „Bei uns ist alles anders". Vielmehr wird diese Aussage vermutlich als bequemer Schutzschild genutzt, um sich nicht tiefer in die Karten schauen zu lassen.

Ein Verkäufer kann somit noch so hochmotiviert sein, er wird den Abschluss nicht erreichen, wenn er nicht in der Lage ist, eine professionelle Außenwirkung über die Instrumente des **strukturierten Verkaufsgesprächs** zu erzeugen.

Richtig ist, dass diese Instrumente je nach Unternehmen, Branche und Wettbewerbersituation unterschiedlich gewichtet werden. Aus diesem Grund werden in unserem Buch einige von uns als **Sales Excellences** bezeichnete Verkäufer zu Wort kommen, die das Thema Verkaufen erfolgreich in Ihrer jeweiligen Branche umsetzen.

Begrifflichkeiten

Die Begriffsfindung zu unserem Kernthema ist nicht selbstverständlich. Sprechen wir über Vertrieb oder Verkauf? Sind Sie in der Branche ein Verkäufer oder umgangssprachlich ein „Vertriebler"? Ist unser Handwerkszeug das **strukturierte Verkaufsgespräch** oder das strukturierte Vertriebsgespräch? Da der Begriff Vertrieb in der Literatur breiter definiert wird und der Verkauf im engeren Sinn direkt am Kunden stattfindet, haben wir uns in diesem Buch auf das **strukturierte Verkaufsgespräch** festgelegt. Das Wort „Verkäufer" führt konkreter zur Kernaufgabe: aktives Verkaufen. Der Ausdruck bzw. Zusatz „strukturiert" beschreibt die Grundidee des methodischen Verkaufens in Phasen, die wiederkehrend, nacheinander, gut geplant und umgesetzt zu durchlaufen sind.

Im Umkehrschluss richtet sich unser Buch weniger an im Vertrieb (laut Visitenkarte) tätige Personen, die mit aktivem Verkaufen relativ wenig zu tun haben, sondern eher administrative oder logistische Tätigkeiten im „allgemeinen Vertrieb" verrichteten.

In der englischen Sprache sind diese Begrifflichkeiten praktischerweise in einem Wort zusammengefasst: „Sales".

Plädoyer …
… für die hohe Kunst des **strukturierten Verkaufsgesprächs.**

Vertrieb „machen", egal in welcher Branche und in welchem Unternehmen, ist kein einfaches Unterfangen, sondern hohe Kunst.

Gerade in einer sich digitalisierenden Welt werden Zeitfenster enger. Alle sind schneller erreichbar, schneller abgelenkt, schneller bei einem nächsten Thema. Sie sind mit Ihrem Angebot als Verkäufer somit auch schneller vergleichbar und schneller austauschbar.

Also sind Sie als schillernde Vertriebspersönlichkeit noch mehr gefordert, Ihr Handwerk wirklich professionell zu beherrschen. Und damit schließt sich unser Gedankenkreis:

Ihre persönliche Kompetenz, ein strukturiertes Verkaufsgespräch zu meistern, kann der Fels in der Brandung einer sich ständig verändernden Geschäftswelt sein.

Death of a Salesman?
Gestatten Sie uns zum Abschluss dieses Vorwortes noch einige im Ansatz philosophische Gedanken zum Beruf des Verkaufens.

Die Älteren unter uns werden sich an das Werk von Arthur Miller erinnern (Miller, 1976). Dieses Stück gehörte zu unserer schulischen Laufbahn wie der Dom zu Köln. Heute, fast 40 Jahre später, stellt sich die Frage, warum der Originaltitel mit „Tod eines Handlungsreisenden" so umständlich übersetzt worden ist. Vielleicht hätte es uns damals bei der Interpretation geholfen, den Begriff „Handlungsreisender" durch „Verkäufer" zu ersetzen.

Der Titel gibt Aufschluss über das Ansehen eines Berufsstandes, gegen den durchaus (scheinbar) ethische Bedenken existierten und womöglich immer noch existieren.

Ist es nicht immer noch viel schicker, im Marketing zu arbeiten – im Vergleich zu einer Tätigkeit mit Visitenkarte, auf der Verkauf oder Vertrieb steht? Und wenn schon Verkauf, lässt sich das nicht spannender bezeichnen – oder indirekter?

Wir erinnern uns noch sehr gut daran, dass ein mittelständisches Unternehmen, das wir noch heute betreuen, vor wenigen Jahren die Mitarbeiter seiner Außendienstmannschaft auf der Visitenkarte vom Fachberater zum Vertriebsberater umbenannt hatte. An der Tätigkeit änderte sich dabei selbstverständlich nichts. Doch statt diese einfache Wortveränderung als Randnotiz abzuhaken, gab es eine interne Revolution. Manche Betroffene beschwerten sich lediglich, andere weigerten sich zunächst, diese Umbenennung zu akzeptieren. Fast so, als müssten sie jetzt zu Hause die Beichte ablegen und zugeben, dass sie nun nicht nur fachlich kompetent beraten, sondern auch verkaufen.

Auf dieses Phänomen sind wir in der Entstehung dieses Buches häufig gestoßen: Die fachliche Leistung wird höher bewertet als die verkäuferische. Das kann an der „Bequemlichkeit des Individuums" liegen. Man kann sich besser hinter einer vermeintlich fachlichen Stärke verstecken, indem hocheloquent der unausweichliche Misserfolg erklärt wird. Dieser hat dann argumentativ wenig mit der eigenen Leistung zu tun, sondern mit den „ungünstigen Umständen". Ergo: Die Beratung war gut – doch der Kunde wollte trotzdem nicht kaufen.

In der Verkäuferbranche kursiert ein aus unserer Sicht sehr kritischer Spruch: „Ein gutes Pferd springt nur so hoch, wie es muss". Ist dieses verkäuferische Credo der Weg zum Spitzenverkäufer oder zum Durchschnitt oder zum Mittelmaß? Geht es darum, mit der Masse zu schwimmen oder für Spitzenleistungen motiviert zu sein? Wir meinen: Ein Top-Verkäufer macht mehr als andere. Er springt immer mit weitem Abstand nach unten über Hindernisse, um im Bild zu bleiben.

Natürlich sind diese Gedanken oder auch kritischen Töne absichtlich sehr pauschal formuliert und treffen nicht überall zu. Denn es gibt sie sehr wohl, die überdurchschnittlich erfolgreichen Verkäufer, die ihren Beruf leben und lieben, mit Herzblut, Engagement, Fachwissen und Handwerkszeug.

Ein Verkäufer muss und darf sich mit Menschen auseinandersetzen. Das Verkaufsgespräch ist das Spielfeld, auf dem alles offenbar wird. Ohne Versteckmöglichkeiten und ohne die Möglichkeit, Gesagtes ungesagt zu lassen. Und sogar mit der Chance, Ungesagtes wirken zu lassen.

Wo bleibt also der Stolz auf den Vertriebsjob, auf die Kompetenz, ein **strukturiertes Verkaufsgespräch** führen zu können, mit all seinen Facetten? Für uns ist das eine hohe Kunst.

Führen Sie sich bitte als Grundmotivation vor Augen: Unternehmen leben nicht primär davon, welche Produkte und Dienstleistung sie „produzieren", sondern in hohem Maße davon, in welchem Umfang diese Angebote von engagierten Vertriebsmitarbeitenden an die Frau und den Mann gebracht werden. Diese Erkenntnis ist natürlich nicht neu, aber sie kann motivieren.

Die Kunst des Verkaufens wird weder in der dualen noch in der akademischen Ausbildung flächendeckend vermittelt. Sie müssen also auch selbst für Ihre Aus- und lebenslange Weiterbildung sorgen. Dazu ist ein erhebliches Quantum an Selbstmotivation nötig, um den Job als Verkäufer tagtäglich umzusetzen und um gleichzeitig die Instrumente aus der persönlichen Toolbox zu nutzen und ständig auf dem neuesten Stand zu halten.

Wir wünschen Ihnen viel Erfolg bei der Umsetzung.
Dieter Döring und Markus Zeller

Hinweis zur gendergerechten Sprache
Wir sind als Autoren zutiefst davon überzeugt, dass Diversität (beispielsweise bei Herkunft und Geschlecht) Vertriebsteams stärker macht. Nach intensiven Überlegungen haben wir uns trotzdem dafür entschieden, das generische Maskulinum im vorliegenden Buch zu verwenden, das für alle Geschlechtsidentitäten gelten soll. Wir sind mit dieser Vorgehensweise nicht wirklich glücklich, da es eine maskuline Vertriebswelt vermittelt, die nicht mehr zeitgemäß ist. Bei der alternativen Verwendung von gen-

dergerechten Schreibweisen mit z. B. Schrägstrich, Doppelpunkt oder Doppelnennung ist jedoch aus unserer Sicht noch nicht eindeutig, welcher Ansatz sich durchsetzen wird und gleichzeitig eine gute Lesbarkeit gewährleistet. Und die von uns zunächst bevorzugte abwechselnde Verwendung der maskulinen und femininen Form kommt ebenfalls an ihre Grenzen, wenn es z. B. um die Überschrift zu einem Kapitel geht. Hinzu kommt, dass auch dieser Ansatz das Ziel einer genderneutralen Formulierung nicht erreichen würde. Wir hoffen daher auf Ihr Verständnis.

Literatur

Covey, R. S. (2005). *Die 7 Wege zur Effektivität, Prinzipien für persönlichen und beruflichen Erfolg* (29. Aufl.). Gabal.
Miller, A. (1976). *Death of a Salesman*. Penguin Books.

Oldenburg, Deutschland   Dieter Döring
Bremen, Deutschland   Markus Zeller

Inhaltsverzeichnis

Teil III Sales Future

Über die Autoren

Dieter Döring ist Verkaufs- und Management-Berater und Trainer (DD Management) für zahlreiche namhafte deutsche Unternehmen. Schwerpunkt in der Beratung ist dabei die Implementierung schlanker Strukturen und Prozesse mit permanentem Fokus auf den „Customer Chair", also die Bedarfe und Bedürfnisse des Kunden.

Dieser Lean-Management Ansatz, ist dann in der Implementierung in die tägliche Praxis insbesondere erfolgreich, wenn notwendige, nachfolgende Trainingsinhalte in Management und Verkauf die betreffenden Mitarbeiter so unterstützen, dass diese dabei immer den maximalen Nutzen für ihre spezifische Praxis erfahren. Das Credo für diesen zentralen Zusammenhang lautet bei Dieter Döring daher immer: Betroffene zu Beteiligten machen.

Prof. Dr. Markus Zeller lehrt seit über zehn Jahren Vertrieb und Marketing an der Hochschule Heilbronn und an der Jade Hochschule Wilhelmshaven. Er ist Gründungsmitglied im Heilbronner Institut für angewandte Marktforschung (H-InfaM) sowie Mitinitiator des jährlichen Heilbronn Hospitality Symposiums. Er berät Unternehmen bei der Professionalisierung im Vertrieb und nutzt dabei seine Erfahrungen als Gesellschafter der Union Brauerei Bremen und als früherer Geschäftsführer Vertrieb bei Anheuser-Busch InBev Deutschland. Er ist davon überzeugt, dass erfolgreiches Verkaufen einhergeht mit der Fähigkeit, zeitgleich die Perspektive des Kunden und des Verkäufers einzunehmen – idealerweise durch berufliche Erfahrungen sowohl im Einkauf als auch im Verkauf.

Teil I

Sales Toolbox

In diesem Buchteil wollen wir gemeinsam mit Ihnen das Handwerkszeug des Verkaufens trainieren. Ziel soll es sein, dass Sie durch dieses Training die Sicherheit bekommen, die einzelnen Instrumente in Ihrer Praxis erfolgreich anzuwenden.

1

Einleitung

In diesem Kapitel wollen wir Sie in das Handwerkszeug des Verkaufens einführen. Ziel soll es sein, dass Sie durch diese Einführung die erste Sicherheit bekommen, die einzelnen Instrumente in Ihrer Praxis erfolgreich anzuwenden

Die Figur „Paul" unseres Zeichners Paul Bresan wird uns in diesem Buch stets begleiten.

D. Döring, M. Zeller, *Das strukturierte Verkaufsgespräch*, https://doi.org/10.1007/978-3-658-37166-1_1

Und immer, wenn jetzt Paul erscheint, sind Sie aufgefordert, sich selbst eine Lösung für den gerade besprochenen Fall zu überlegen. Oder diesen Fall einmal in der Runde der von Ihnen geführten Verkäufer lösen zu lassen. Lesen Sie also nicht zu früh weiter, sondern schreiben Sie sich idealerweise Ihre Lösung vorab auf. Dann können Sie diese gleich im Anschluss mit dem vergleichen, was wir als Autoren vorschlagen. Nehmen Sie Ihre Lösungen dann, Punkt für Punkt, mit in Ihre persönliche Praxis.

Wer schon einmal ein Verkaufsgespräch geführt hat, wird wahrscheinlich erlebt und gefühlt haben, wie dieses Gespräch unterschiedliche Phasen durchläuft. Das „emotionale Erleben" des Verkaufsgesprächs ist beinahe so wie im Sport. Nach einer Aufwärmphase, dem Small Talk, folgt die Auseinandersetzung mit dem eigentlichen Thema, als gefühlte Hauptphase, und endet dann langsam, in einem hoffentlich erfolgreichen Cool Down.

Wir wollen hier das **strukturierte Verkaufsgespräch** von möglichen Emotionen entkleiden. Denn emotional ist jeder Mensch unterschiedlich.

In diesem Buchteil soll es vielmehr um das **Handwerkszeug** des Verkaufens gehen.

Auf dieser Sachebene wird die Wahrnehmung von unterschiedlichen Phasen durch den Einsatz verschiedener Instrumente der Kommunikation definiert.

Die Darstellung der Instrumente in Trichterform (vgl. Abb. 1.1) zeigt schon die bedingungslose Abhängigkeit aller Instrumente voneinander. Die einzelnen Instrumente sollen wie Moleküle fließen. Das Bindemittel, der Kitt zwischen den einzelnen Molekülen ist immer wieder das Universalinstrument der **Resonanz**, als Kernkompetenz des **Customer Chairs** (siehe Kap. 3).

Wir verwenden den **Trichter** als Format natürlich auch deshalb, weil die Verschlankung des Trichters nach unten ein Bild dafür ist, dass man nicht immer grenzenlos erfolgreich sein wird. Bitte erinnern Sie sich an Ihre letzte Kaltakquise. Je nach Markt und Produkt sind häufig dutzende Anrufe notwendig, um überhaupt einmal einen persönlichen Termin zu erreichen. Und die mühsam erzielten Termine werden wieder nicht zu 100 % erfolgreich sein.

Daraus ergibt sich dann im Umkehrschluss als Leitmotiv und als Leit-Motivation, die Allegorie der **Positivkette**.

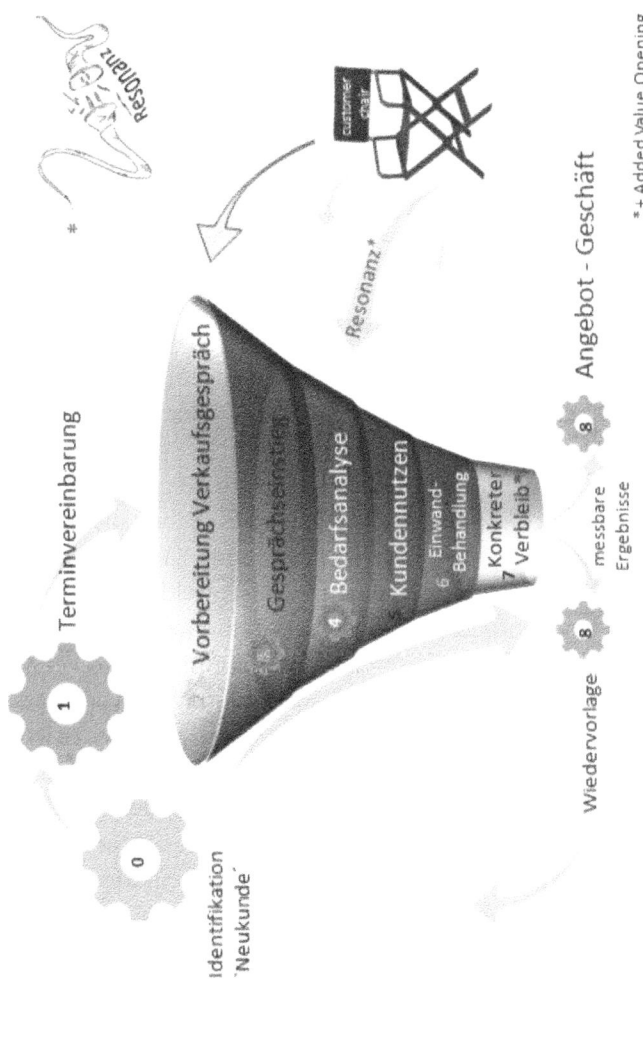

Abb. 1.1 Instrumente des strukturierten Verkaufsgesprächs und Customer Chairs

Die Positivkette als Leitmotiv

Je mehr Instrumente Sie im Verkaufsgespräch erfolgreich angewendet haben, desto tiefer haben Sie sich in den Trichter gesaugt, desto mehr haben Sie einen positiven Wirkungspunkt an den nächsten geheftet. Die **Positivkette** wird mit jedem Instrument stärker und lässt damit die Wahrscheinlichkeit auf Ihren verkäuferischen Erfolg kontinuierlich ansteigen.

Ihr verkäuferischer Erfolg wird auch maßgeblich dadurch bestimmt, diese Positivkette nicht zu unterbrechen, oder sie gar gänzlich auszuhebeln.

Dazu ein Beispiel aus der Praxis, das sehr häufig zu beobachten ist und das Sie vermutlich so oder so ähnlich bereits erlebt haben:

Ein engagierter Vertriebsleiter will seine Außendienstmannschaft schlagkräftig am Markt positionieren. Im Vorfeld hat er die Chance genutzt, sich eine motivierte Mannschaft zusammenzustellen. Professionell unterstützt durch ein Assessment-Center wurden neue Mitarbeiter gewonnen. Zusätzlich konnte er sich sozial verträglich von mutmaßlichen Low-Performern trennen. Besonders ein neuer Mitarbeiter hatte sich im Assessment-Center durch seine engagierte Vorgehensweise empfohlen. Nun ist gerade dieser Mitarbeiter jedoch nicht in dem Maße erfolgreich wie gedacht. Dabei liegen doch dessen Stärken gerade in einer sauber aufbereiteten Argumentationskette. Diese Argumentationskette, also das klassische Instrument der **Nutzenargumentation**, hält der Vertriebsleiter für maßgeblich entscheidend in der Kundenabsprache.

Heute ist unser Vertriebsleiter gemeinsam mit seinem Mitarbeiter einen Tag lang unterwegs, um sich in der Praxis ein Bild zu machen. Auch sollen wieder mehrere, vorher abgesprochene, Kundenbesuche durchgeführt werden. Schon beim ersten Kundenbesuch fällt dem Vertriebsleiter auf, dass der Mitarbeiter zwar top vorbereitet ist, dass jedoch sein Redeanteil extrem hoch ist. Er lässt den Kunden kaum zu Wort kommen, obwohl dessen Körpersprache signalisiert, an dem Gespräch aktiv teilnehmen zu wollen. Vielleicht war das ein Einzelfall und der Mitarbeiter war nervöser als sonst, weil heute schließlich der Chef dabei ist. Also lässt der Vertriebsleiter das zweite gemeinsame Kundengespräch an diesem Tage auf sich wirken.

Erneut erlebt er die Gesprächsführung seines Mitarbeiters eher als einen Monolog. Sein Redeanteil ist wieder sehr hoch, der Kunde kommt erneut nicht zu Wort und das Ergebnis ist, dass der Mitarbeiter auf einen späteren Zeitpunkt vertröstet wird und damit kein wirklich greifbares Ergebnis produziert hat.

Liebe Leser, Sie können sich an dieser Stelle bereits die Frage stellen, an was es diesem engagierten Vertriebsmitarbeiter mangelt? Was würden Sie in der Rolle des Vertriebsleiters jetzt tun?

Sie haben es vermutlich schon erkannt. Die beschriebenen Indizien belegen deutlich, dass der Mitarbeiter es nicht versteht, sich wirklich für seine Kunden zu interessieren.

Seine gute Vorbereitung und seine umfangreiche Argumentationskette nützen ihm also nichts, da er den Kunden bis dahin längst durch eine nicht vorhandene **Bedarfsanalyse** abgehängt hat. Im Gegenteil erschlagen die Argumente des Verkäufers den Kunden jetzt erst recht.

Obwohl er seine Argumente gelernt hat, können diese jedoch keine Wirkung erzielen, weil Sie nicht zu den Bedarfen des Kunden passen bzw. diese Bedarfe durch unseren Verkäufer nicht erfragt wurden. Der dargestellte hohe Redeanteil des Mitarbeiters ist dann genau das Schlüsselindiz. Wer nicht zuhört, muss logischerweise umso mehr selber reden.

Der Kunde fühlt sich nicht verstanden und zusätzlich entsteht auch noch die Wirkung eines Hochdruckverkäufers, der scheinbar dringend etwas verkaufen muss.

Die durchaus zunächst vorhandene **Positivkette** (Terminvereinbarung hat funktioniert, Vorbereitung war top, Gespräch ist zunächst gut eröffnet worden) ist an einem Punkt massiv unterbrochen worden.

Damit wird klar, dass es nicht reicht, nur einen Ausschnitt unserer Instrumente des **strukturierten Verkaufsgesprächs** zu fokussieren. Es ist von essenzieller Bedeutung, alle Instrumente zu beherrschen und mittels der Fähigkeit zur **Resonanz** miteinander verbinden zu können.

Gehen wir gedanklich nochmals zurück zu unserem Fall. Das notwendige Vertrauen des Kunden in den Verkäufer ist nicht erzeugt worden.

Die Positivkette ist daher in allen Instrumenten des **strukturierten Verkaufsgesprächs** latent in Gefahr. So kann eine schlechte **Einwandbehandlung** ebenfalls zu einer erheblichen Unterbrechung führen. Dabei nimmt der Verkäufer die Einwände des Kunden nicht auf, sondern hält die nächsten (Gegen-)Argumente bereit und ignoriert damit die Bedürfnisse seines Kunden.

Wieder andere Verkäufer neigen dazu, den sprichwörtlichen „Sack" nicht zumachen zu wollen oder zu können. In einer Situation, in der alles gesagt ist und der Kunde seine Kaufbereitschaft signalisiert hat, dreht der Verkäufer völlig unnötigerweise noch ein paar kommunikative Schleifen. Er wiederholt die wichtigsten Punkte vielleicht zum dritten Mal, versichert erneut, dass er gewisse Dinge für den Kunden anstoßen wird oder fragt wieder, ob der Kunde noch einen Wunsch hat, oder ob es noch offene Fragen gibt.

Das Unterbewusstsein des Kunden orientiert sich bereits in die falsche Richtung. Er fängt tatsächlich an, auf die Idee zu kommen, dass irgendetwas faul an der Sache sein könnte. Vielleicht ist der Kunde auch nur gelangweilt oder schlimmer noch: mehr und mehr genervt. Vielleicht fragt sich der Kunde dann genau an dieser Stelle leicht überspitzt: „Ist dieser Langweiler wirklich der richtige Partner für mich, der meine Themen entschlossen nach vorne bringt?"

Die Unterbrechung der Positivkette zieht dabei nicht zwingend einen verkäuferischen Misserfolg nach sich. Es macht das Gespräch und am Ende das Verhältnis zum Kunden jedoch oft schwieriger oder zäher, und es kostet Energie, um wieder ein vertrauensvolles Miteinander aufzubauen.

2

Die Tools

Nun geht es darum, die Instrumente des **strukturierten Verkaufs-gesprächs** im Detail zu erläutern und zu trainieren Das Wort Instrument haben wir dabei mit Absicht gewählt, weil es den handwerklichen Charakter beschreibt und damit gleichzeitig beinhaltet, dass ein Instrument nur dann von seinem Anwender erfolgreich benutzt werden kann, wenn er gelernt hat, damit umzugehen – um es anwendungssicher in seiner Praxis einzusetzen. Der jeweilige Titel des Instruments beschreibt dabei bereits präzise die Aufgabe, die mit diesem Instrument zu bewältigen ist.

© Der/die Autor(en), exklusiv lizenziert an Springer Fachmedien Wiesbaden GmbH,
ein Teil von Springer Nature 2022
D. Döring, M. Zeller, *Das strukturierte Verkaufsgespräch*,
https://doi.org/10.1007/978-3-658-37166-1_2

2.1   Die Terminvereinbarung

„Ein Verkäufer ist nur so erfolgreich, wie er Termine macht!"

Dieser Satz mag zunächst seltsam klingen, lässt sich jedoch gut begründen.

Wir wollen zunächst zwei formale Anlässe von Terminvereinbarungen unterscheiden: Terminvereinbarungen mit einerseits Neukunden und mit andererseits Bestandskunden.

Lassen Sie uns nun das Instrument der **Terminvereinbarung** mit einem potenziellen Neukunden als Beispiel nehmen. Hier ist das Adrenalin-Level höher und das Leitmotiv der **Positivkette** wird deutlich. Grundsätzlich ist jedoch der formale Ablauf für beide Anlässe gleich.

Sie haben für die Auswahl eines Neukunden wahrscheinlich vorab recherchiert, welcher Kundenkreis für Sie in Frage kommt. Im Idealfall haben Sie vielleicht sogar von einem Bestandskunden eine aktive Weiterempfehlung erhalten.

Ihr Telefonat ist nun der allererste Kontakt mit dem potenziellen Neukunden. Diesen Kontakt gilt es unter keinen Umständen negativ zu gestalten.

Vielleicht erinnern Sie sich gerade an Anrufe von Callcentern und Meinungsforschern, bei denen Sie nicht entkommen konnten, weil Sie instinktiv den Anruf entgegennahmen. Hat der Anrufer nicht eine Art von **Fluchtreflex** bei Ihnen auslöst?

Insbesondere erzeugt durch die auswendig gelernt klingende, meist sehr umständlich verpackte Begrüßung, an deren Ende Sie den Namen des Anrufers bereits wieder vergessen haben. Ihr Gehirn arbeitet direkt an der Schlüsselfragestellung: „Wie beende ich schnellstmöglich dieses Telefonat?" Eine ähnliche Reaktion Ihres Kunden wäre nicht förderlich. Und die Positivkette schon an dieser Stelle zu Ende. Vermeiden Sie also den Fluchtreflex bei Ihrem Kunden!

Wie gehen wir stattdessen professionell vor?
Vor dem Telefonat sollte zunächst Ihre persönliche Vorbereitung auf den Kunden erfolgen. Damit ist nicht gemeint, dass Sie über Stunden im Internet zum Kunden recherchieren müssen. Das kann aus verkaufspsychologischer Sicht sogar zu einem Boomerang führen. Warum das so ist, klären wir später im Instrument der **Bedarfsanalyse**. Es meint vielmehr, dass Sie nicht ohne eine schriftliche Unterlage telefonieren sollten. Auf dieser sollte groß und deutlich der Name des Kunden stehen. Stellen Sie sich einmal vor, Sie sprechen den Namen falsch aus, weil Sie in der Aufregung des Neukontakts den Namen auch nur mit einem Buchstaben

falsch verstanden haben. Wir jedenfalls würden uns nicht wohl fühlen, wenn Sie uns mit „Guten Tag Herr Dösing" oder „Guten Morgen Herr Zelle" begrüßen würden. Auf der Unterlage sollte auch das Ziel Ihres Anrufes stehen. Und das Ziel Ihres Anrufes ist für den Fall eines Erstkontaktes, den ersten persönlichen Termin zu machen.

Diese Art der Vorbereitung wird Sie auch davor bewahren, bereits bei einem ersten Telefonat zu tief in inhaltliche Erklärungen einzutauchen, durch die Sie den Faden verlieren. Denn häufig werden von potenziellen Kunden genau diese Fragen so oder so ähnlich nach kurzer Zeit formuliert:

- „Was macht denn Ihr Produkt besonders?"
- „Was machen Sie denn anders als andere?"
- „Erzählen Sie mir doch ein paar Einzelheiten dazu."

Haben Sie also das Ziel (einen persönlichen Termin absprechen) per Vorbereitung stets vor Augen, werden Sie sofort den passenden Satz für diese Situation parat haben: „Lieber Herr Kunde, genau um Sie zu diesem Thema umfassend informieren zu können, strebe ich einen persönlichen Termin mit Ihnen an."

So gewappnet gehen Sie jetzt an die Umsetzung.

Da Sie in der Regel noch nicht die persönliche Mobilnummer des Kunden haben, gehen Sie beispielsweise über die im Internet genannte Festnetznummer. Es klingelt ein bis zweimal und es meldet sich zunächst die Assistenz des Kunden, oder Sie sind bei der Zentrale gelandet.

In jedem Falle wollen Sie weiter durchgestellt werden. Was ist jetzt zu beachten?

Es ist ratsam, zu der Person, die Sie nun als erstes telefonisch in einem Unternehmen erreichen, besonders freundlich und wertschätzend zu sein. Warum?

Es könnte durchaus sein, dass der Kunde bzw. der eigentliche Ansprechpartner mehrfach nicht am Platz ist und Sie nochmals anrufen müssen, erneut mit dem Ergebnis, bei der Assistenz oder der Zentrale zu landen.

Was macht also Ihre Begrüßung besonders wertschätzend und im positiven Sinne anders als all die anderen, die diese Nummer wählen? Versuchen Sie es bitte.

Erfolgspunkte der Begrüßung am Telefon

Alles was jetzt folgt, ist eine „wasserdichte" Vorgehensweise, die auf einer richtigen Reihenfolge basiert. Es meldet sich also der Kunde:

„Guten Tag, hier ist die Firma Muster, Herr Kunde ist mein Name, was kann ich für Sie tun?"

Sie haben jetzt drei **definierte Punkte** der Begrüßung, die Sie bedienen müssen:

(1) Sie sollten klar machen, wer Sie sind.
(2) Für welches Unternehmen Sie arbeiten.
(3) Den Partner begrüßen.

Lassen Sie sich diese Punkte einmal durch den Kopf gehen und überarbeiten Sie bitte ggf. Ihre Variante von gerade eben.

Schauen wir nun, ob Sie bereits eine professionelle Variante entwickelt haben. Dazu stellen wir uns die Realität vor, auf die Sie mit Ihrem Anruf treffen. Die Telefonpartner, seien es Kundenmitarbeiter oder der Kunde selbst, sitzen nicht gebannt vor dem Telefon und warten darauf, dass Sie anrufen. Im Zweifel ist Ihre Existenz bis dahin noch gar nicht bekannt. Der Kunde ist gerade in einem Vorgang vertieft, er liest eine Mail oder ähnliches. In jedem Falle ist er gedanklich beschäftigt. Was wäre jetzt ein lohnendes Zwischenziel?

Genau, etwas mehr Aufmerksamkeit. Der Kunde soll gedanklich seinen bisherigen Vorgang aus dem Kopf nehmen und seine Aufmerksamkeit Ihnen zu teil werden lassen.

Wie wollen Sie das erreichen? Was wäre Ihre Vorgehensweise?

Schade, dass wir jetzt nicht Ihre Antworten sehen und hören können. Hier folgt eine praxiserprobte Idee, die Ihnen ermöglicht, das erste Quäntchen Aufmerksamkeit zu bekommen. Dabei geht es um die Frage: Auf was reagiert der Mensch in jedem Fall und was ist dabei zusätzlich noch wertschätzend?

2.1.1 Schritt 1: Der Name des Kunden

„Guten Tag Frau Kundin. Guten Tag Herr Kunde."

Der Mensch hört seinen Namen. Er hört damit etwas, was er nicht ignorieren kann. Das psychologische Phänomen, das sich in dieser Vorgehensweise versteckt, nennt sich „taktvolles Unterbrechen". Der Kunde ist in seinem bisherigen Gedankengang unterbrochen, er wendet seine Aufmerksamkeit Ihrem Anruf zu. Was wollen Sie mehr? Und der Kunde wird die Nennung seines Namens als äußerst wertschätzend empfinden.

Lassen Sie uns an dieser Stelle durchaus einmal das erlaubte Stilmittel der Übertreibung bemühen: „Feiern" Sie den Namen des Kunden. Legen Sie Betonung nicht auf „Guten Tag", sondern auf den Kundennamen.

Das Bespielen des Kunden mit seinem Namen, sollte Ihnen in Fleisch und Blut übergehen. Es lässt sich an dieser Stelle sehr gut trainieren und taucht immer wieder auf, im Folgenden vor allem in den Instrumenten der **Resonanz** und der **Einwandbehandlung**.

Nachdem Sie sich nun professionell das Telefonat eröffnet haben, gilt es die Frage zu beantworten: Wer verkauft am Ende – Sie oder Ihr Unternehmen?

Wir hoffen, Sie haben für sich entschieden, dass Sie verkaufen.

2.1.2 Schritte 2 und 3: Unternehmen und Haftwirkung

Wenn dem so ist, dann nennen Sie nun Ihr Unternehmen und setzen Sie Ihren Namen als **Haftwirkung** dahinter.

Im Ganzen: „Guten Tag Herr Kunde, Firma Schrot und Korn, Dieter Döring!"

Diese Haftwirkung ist dabei ein weiteres psychologisches Phänomen, das es zu nutzen gilt. Denn die letzten zwei bis drei Worte kann ein Menschwiederholen, weil sie sofort zugreifbar im Kurzzeitgedächtnis gespeichert sind.

Sie haben diesen Menschen noch nie gesehen oder gehört und schaffen es, Ihren Namen, deutlich ausgesprochen, als letzte zwei Worte in der Begrüßung zu platzieren.

Damit erreichen Sie auch ein positives Resultat auf der unterbewussten Ebene. Sie haben die Reihenfolge eingehalten und damit bewusst auf das Unterbewusstsein Ihres Kunden gewirkt. Nachdem Sie diese Reihenfolge eingehalten haben, begrüßt Sie jetzt der Kunde, der bis eben möglicherweise noch nichts von Ihrer Existenz geahnt hat, mit den Worten „Guten Tag Herr Döring." Das Gespräch ist also 5 Sekunden alt und Sie haben den Kunden dazu gebracht, das erste Mal Ihren Namen auszusprechen!

Die **Positivkette** hat durch das bewusste Einsetzen der korrekten Reihenfolge der Begrüßung das nächste Sternchen erhalten und das nach wenigen Sekunden.

Achten Sie in diesem Zusammenhang auf Details, damit diese Vorgehensweise eine maximale Wirkung entfalten kann. So sollten Sie auf **Füllwörter** verzichten. Apropos: Was fällt Ihnen zum Thema Füllwörter ein?

Oftmals haben sich im Zusammenhang mit der Nennung des eigenen Namens über Jahre einige kontraproduktive Formulierungen eingeschliffen:

„Dieter Döring mein Name" oder „Dieter Döring am Apparat ... (woran denn sonst?)"

Auch sollten Sie immer Vor- und Zunamen nennen. Eine erste sinnvolle Begründung dafür ist, dass der Vorname zur Persönlichkeit dazugehört. Das ist sicher ein interessanter Aspekt, es hat jedoch einen einfacheren, phonetischen Grund, den es zu nutzen gilt.

Führen Sie sich nochmals die konkrete Situation vor Augen: Sie sind etwas aufgeregt. Es ist immerhin ein Neukunde. Sie haben den Anruf gedanklich längst ein paar Mal durchgedacht. Was könnte das für Ihre Sprechgeschwindigkeit bedeuten? Sprechen Sie eher zu schnell oder zu langsam?

Nach unserer Vermutung sprechen Sie tendenziell zu schnell. Der phonetische Kniff sieht nun wie folgt aus: Durch die Nennung Ihres Vornamens sprechen Sie Ihren Nachnamen automatisch langsamer und präziser aus. Sie erzielen also genau die erwünschte Wirkung. Probieren Sie es aus.

Die Begrüßung ist geschafft, jetzt geht es um einen Kernsatz.

2.1.3 Schritt 4: Grund des Anrufs

Der Kernsatz ist die Antwort auf die gestellte oder grundsätzliche latent im Raum schwebende Frage „Worum geht es denn?" oder „Was kann ich für Sie tun?"

Zur Erinnerung: Es geht darum, einen persönlichen Termin zu vereinbaren. Wie sieht dieser Kernsatz also bei Ihnen aus?

Achten Sie auch hier bitte wieder auf Details. Wie wirkt folgende Auftaktformulierung des Kernsatzes auf Sie?

„Sehr geehrter Herr Kunde, ich würde Ihnen gerne unsere eigentlich kompetenten Lösungen kurz vorstellen wollen. Aber nur wenn es Ihre Zeit erlaubt und völlig unverbindlich. Vielleicht haben Sie ja ein Mini-Zeitfenster für mich übrig, aber nur, wenn es Ihnen nichts ausmacht."

Richtig. Mit dieser Variante hätten Sie tendenziell Ihre Chancen auf einen Neukunden vertan.

Der Kernsatz hat den Vorteil, dass Sie diesen vorher in Ruhe vorbereiten können. Sie sollten an dieser frühen Stelle des Kundenkontakts nicht aus der Hüfte schießen.

Eine lohnende Idee ist es, den Auftakt des Kernsatzes ohne den Einsatz eines Konjunktivs zu bewerkstelligen. Also kein „ich möchte, würde, hätte, dachte … etc."

Überlegen Sie sich bitte einen Auftakt ohne Konjunktiv.

Das ist in der Realität tatsächlich nicht so einfach. Hier bieten wir Ihnen zwei klassische Formulierungen an:

„Herr Kunde, es geht mir um einen persönlichen Termin mit Ihnen, um …"
„Herr Kunde, Ziel meines Anrufes ist es, einen persönlichen Termin mit Ihnen abzusprechen, um …"

Damit platzieren Sie Ihren Kernsatz direkt zu Beginn. Sie verzichten auf Minimierungen und Verniedlichungen und lassen den Konjunktiv außen vor.

2.1.4 Schritt 5: Der Termin

Was nun folgt, ist die eigentliche Terminvereinbarung. Wir hören an dieser Stelle gelegentlich, man müsse sich als Verkäufer jetzt etwas rarmachen. Das ist aus unserer Sicht der falsche Weg. Der Kunde wird sicher verstehen, dass Sie einen Terminwunsch äußern, weil Sie beispielsweise an diesem Tag sowieso die Region des Kunden ansteuern. Psychologisch macht es ebenfalls Sinn, den Termin aktiv vorzuschlagen. Sollte der Kunde Ihren Terminwunsch ablehnen, ist er anschließend am Zug. Probieren Sie es aus.

So, oder so ähnlich könnte Ihre Variante ausgesehen haben:

„Herr Kunde, wie passt Ihnen ein gut vorbereiteter Termin am 24.11. um 12.00 Uhr? Zeitbedarf ist ca. 1 Stunde."

2.1.5 Schritt 6: Verabschiedung und Terminbestätigung

Es ist abschließend wichtig, jetzt die eigene Konzentration hoch zu halten und dem Kunden „Lust auf mehr" zu machen. Wie wollen Sie also das Telefonat beenden?

Es ist empfehlenswert, den Termin nochmals aufzurufen und das gewonnene positive Momentum mit einem Zeichen der Freude aufrecht zu halten. Ein Beispiel:

„Herr Kunde, dann ist damit der 24.11. fix, was ich Ihnen gleich gerne per Mail bestätige. Ich freue mich darauf, Sie kennen zu lernen".

Das **Zeichen der Freude** einzusetzen, ist dabei besonders lohnend. Damit hinterlassen Sie eine weitere positive Haftwirkung, die auch in das Unterbewusstsein des Kunden vordringt. Kommt es dann zum persönlichen Termin, erwartet das Unterbewusstsein des Kunden bereits einen positiven Kontakt, ganz immer Sinne der **Positivkette**.

Wenn Sie nun sofort die Bestätigungsmail folgen lassen, haben Sie alles richtiggemacht. Welche Formulierung wählen Sie in der Mail?

Unser Vorschlag sieht wie folgt aus:

„Sehr geehrter Herr Kunde, hiermit bestätige ich Ihnen gerne unseren persönlichen Termin am 24.11., um 10.00 Uhr. Ich freue mich darauf, Sie persönlich kennen zu lernen."

Die nun erläuterten Schritte mit dem Blick auf den Neukunden, gelten selbstverständlich auch für die Terminvereinbarungen mit Bestandskunden.

Selbst bei Anfahrten von Bestandskunden im Absatzkanal Einzelhandel, mit sechs und mehr Kundenbesuchen pro Tag, wird dazu übergegangen, vorab Termine zu vereinbaren. Damit der Kunde einerseits auch tatsächlich vor Ort ist und zusätzlich sichergestellt ist, dass er oder sie sich auch wirklich Zeit für Sie nehmen kann. Und weil es eine professionelle Wirkung erzeugt.

Was halten Sie von der Idee, Ihrem Neukunden die Terminbestätigung simultan auch in seinen Outlook-Kalender einzustellen? Uns kommen Zweifel, ob die damit erzeugte Außenwirkung eine wirklich positive ist. Sie greifen damit in seine persönliche Termingestaltung ein, was schnell zu einer negativen Wirkung führen kann und den Verkäufer aufdringlich und nicht partnerschaftlich erscheinen lässt. Etwas anderes ist es, wenn der Kunde die Terminbestätigung in seinen persönlichen Kalender explizit im Gespräch anfragt.

Die Erfolgspunkte in Kurzform:

(1) Beachten Sie die Reihenfolge der Begrüßung.

(2) Bereiten Sie den Kernsatz vor: Was will ich erreichen?

(3) Verzichten Sie auf Minimierungen und den übermäßigen Einsatz des Konjunktivs (vielleicht, möglicherweise, könnte, wollte ich, aber nur, wenn es passt …).

(4) Werten Sie die Terminbestätigung stets durch ein Zeichen der Freude auf (und bestätigen Sie den Termin zeitnah per Mail).

2.2 Die inhaltliche Vorbereitung auf das Verkaufsgespräch

Nach der Terminbestätigung wollen wir nun in die eigentliche Vorbereitung des Kundentermins einsteigen.

Diese Vorbereitung auf ein Verkaufsgespräch ist keine Option, sondern eine notwendige Grundlage. Bitte machen Sie sich Ihre eigenen Gedanken zu dieser Aussage.

Ganzheitlich gedacht, geht es uns um den Think Tank, also um eine **Denkfabrik**, die Sie im Vorfeld jedes Verkaufsgesprächs nutzen sollten. In erster Linie sind Sie der Verkäufer und Ihr Gehirn diese Denkfabrik. Da im Wort Fabrik bereits sehr anschaulich bebildert ist, dass eine Vielzahl von denkenden Menschen beteiligt sein kann, ist es zusätzlich sinnvoll, auf den professionellen Input von „außen" zurückzugreifen. Damit meinen wir unterstützende Bereiche, die in Ihrem Unternehmen beispielsweise für die Aufbereitung von Kundeninformationen zur Verfügung stehen.

Um es strukturiert darzustellen, können wir nun eine Zweistufigkeit in der inhaltlichen Vorbereitung auf ein Verkaufsgespräch identifizieren.

2.3   Die allgemeine Vorbereitung

Wenn Sie ein Verkaufsgespräch ansteuern, dann sollten Sie grundsätzlich eine Visitenkarte mit sich führen und je nach Ausstattung und Branche eine Unternehmenspräsentation auf dem Rechner haben. Optional werden Sie möglicherweise Produktflyer in der Tasche haben und eventuell Produktmuster mitführen. Darauf sollten Sie auch weiterhin nicht verzichten. Wichtig sind zusätzlich der gute Zustand der Unterlagen und das professionelle Handling der technischen Ausstattung, d. h. von Laptop, Tablet und Co. Und besonders wichtig ist das Timing, also die Antwort auf die Frage: Wann setze ich was ein?

Bitte achten Sie auf den Umfang der Unterlagen, die Sie einsetzen möchten. Wenn Ihre Unternehmenspräsentation bereits 40 Charts enthält, dann wird diese nicht den Zweck erfüllen, den Kunden kurz und fokussiert zu informieren. Er wird zeitlich oder auch inhaltlich überfordert und möchte Sie wahrscheinlich so schnell wie möglich wieder loswerden. Nehmen Sie daher bitte den Gedanken mit, dass allgemeines Material, das Ihnen zur Verfügung steht, Sie in Ihrer persönlichen Wirkung nur unterstützen soll und nicht dazu führen darf, Ihre persönliche Wirkung zu reduzieren oder zu konterkarieren.

2.4   Das Drehbuch

Im nächsten Schritt geht es um folgendes Credo: „Meine persönliche Vorbereitung der **Bedarfsanalyse** wird zu meinem Drehbuch für das **strukturierte Verkaufsgespräch!**"

Zur Einordnung: Die Ausführungen zur Vorbereitung der **Bedarfsanalyse** im Drehbuch korrelieren eng mit der Umsetzung der **Bedarfsanalyse** selbst (siehe 2.6.) und sind aufeinander aufbauend.

Wie strukturieren Sie bislang Ihre inhaltliche Vorbereitung auf das Verkaufsgespräch?

Die **Bedarfsanalyse** ist das zentrale Instrument des Verkaufsgesprächs. Ohne diese Phase ist der Kundentermin eben kein Verkaufsgespräch, sondern lediglich ein Kundenkontakt im Sinne eines Durchgangs, Store-checks oder einer Waren- bzw. Informationsverteilung mit der Frage: „Was darf ich aufschreiben, was darf ich Ihnen an Ware da lassen?"

Die Grundlage der weiteren Überlegungen ist nun das Verständnis, dass es eine Grundstruktur im Management gibt, die auch der Vorbereitung der **Bedarfsanalyse** ihre professionelle Form gibt. Wie sieht also diese unumstößliche Struktur aus?

Wir stellen hier zunächst folgende These auf: Bei allem was Sie bisher in Ihrem Leben getan haben oder gerade tun oder noch tun werden, beschreiben drei magische Worte und deren **Reihenfolge** eine immer wiederkehrende, in ganz starken Teilen unterbewusste aber sinnvolle Vorgehensweise.

Damit Sie sich dem Kern dieser Struktur nähern, bitten wir um Ihre Teilnahme an folgendem Gedankenexperiment mit den drei **Zauberworten** um die es geht, aufgeschrieben in einer zufälligen Reihenfolge:

Ziel – Weg – Ist

Jetzt die Bitte an Sie: Sortieren Sie diese Worte für sich. Es macht dabei keinen Unterschied, ob Sie im Job ein komplexes Projekt angehen oder zu Hause den Müll rausbringen oder eben mit einem Kunden eine strukturierte **Bedarfsanalyse** durchführen wollen.

Was ist immer 1, was ist immer 2, was ist immer 3?

Finden Sie es trivial? Der Kopf hält sofort mehrere Varianten parat – beispielsweise:

„Eigentlich müsste doch immer das Ziel zuerst klar sein?" Oder: „Erst einmal muss der Weg definiert werden und die Lösung bzw. das Ziel wird sich dann schon ergeben."

Lassen Sie uns gedanklich joggen gehen: Sie wollen fit bleiben und haben daher beschlossen, eine Runde in den Park zu gehen und ein paar Kilometer zu laufen.

Auch wenn es sich etwas abstrakt anhört: Wie führen Sie Ihren Jogginglauf jetzt durch? In welche Abschnitte lässt sich die Durchführung Ihres Laufes gliedern und wie ist die korrekte Abfolge der einzelnen Abschnitte?

Fakt 1 Sie können es drehen und wenden wie Sie wollen, Sie laufen irgendwo los.

Damit legen Sie fest, wie bzw. was der **Ist**-Zustand ist. Das macht Sinn, denn Sie laufen ja nicht im Ziel los und der Weg ist auch nicht einfach da. Nein, Sie haben die Schnürsenkel fixiert und werden jetzt an dem Punkt starten, den Sie definiert haben.

Fakt 2 Bevor Sie dann loslaufen, haben Sie sich ein **Ziel** gesetzt. Wahrscheinlich ein Ziel, das Ihrem Leistungsvermögen entspricht. Nehmen wir einmal an, Sie halten aktuell eine halbe Stunde bei mäßigem Tempo durch. Ihrer Berechnung nach entspricht damit die Laufstrecke ca. 5 Kilometer. Das heißt, das Ziel ist immer ein Resultat, das auf den Ist-Zustand aufbaut. Ohne den Ist-Zustand zu kennen, können Sie kein Ziel finden bzw. definieren. Sie haben das Ziel also an Ihrem derzeitigen Ist-Zustand festgemacht und um besser zu werden, haben Sie sich vorgenommen, dieses Mal ein klein wenig schneller zu laufen.

Fakt 3 Erst nachdem Sie wissen wo Sie stehen und wo Sie hinwollen, laufen Sie tatsächlich los. Erst jetzt erfolgt die physische Umsetzung. Gehen Sie dieses Beispiel gedanklich noch einmal durch. Suchen Sie sich bitte weitere Beispiele. Es ist wichtig, dass sich Ihre Gedankenwelt an diese Grundstruktur gewöhnt. Erfahrungsgemäß dauert es eine gewisse Zeit, bis Sie in diesem Sinne Routine haben.

In unseren Verkaufstrainings haben wir immer wieder Teilnehmer, die genau an dieser Stelle erkennen, dass ihre Navigationsgeräte ebenfalls nach dieser Struktur funktionieren. Am Morgen steht das Auto in der eigenen Auffahrt oder vor dem Hotel, was zweifelsfrei den Ist-Zustand darstellt. Dann wird der Zielort eingeben und erst anschließend der Motor gestartet.

Das, was **F = m x a**, d. h. Kraft = Masse x Beschleunigung für den Physiker als Formel zur Überwindung der Schwerkraft bedeutet, ist die Reihenfolge **Ist -> Ziel -> Weg** für das Verkaufsuniversum (und das Management). In diesem Bauplan kann jeder, der sich mit aktivem Verkauf beschäftigt, seine Grundordnung finden.

Es ist bei der Vorbereitung auch nicht ausreichend, dass Sie sich rudimentär einige Notizen machen, um dann alle Punkte in beliebiger Reihenfolge abzuarbeiten. Das könnte eher zu einem chaotischen Ablauf des Verkaufsgesprächs beitragen, als zu einer notwendigen Professionalisierung.

Lassen Sie uns stattdessen gedanklich eine gute Operationalisierung durchführen. Was ist also bisher in der Vorbereitung auf das eigentliche Verkaufsgespräch passiert?

Sie haben vorab mit dem Kunden telefoniert, haben den jetzt bevorstehenden Termin definiert und natürlich auch das zu besprechende Kernthema benannt. Also das Thema, dass Ihren „Verkaufsgegenstand" beinhaltet, sei es ein Produkt oder eine Dienstleistung.

Im Hinblick auf Ihren Verkaufsgegenstand sollten Sie sich übrigens beim Telefonat zur Terminvereinbarung nicht dazu verleiten lassen, das anstehende Thema bereits in der Tiefe erläutern zu wollen (siehe Instrument 3.1. Terminvereinbarung).

Das identifizierte Kernthema für Ihr Verkaufsgespräch gilt es nun mithilfe der Strukturformel Ist -> Ziel -> Weg professionell vorzubereiten. Stellen sich dazu bitte einen Augenblick vor, dass Sie im realen Verkaufsgespräch sitzen und das Thema, um das es geht, ist klar definiert. Sie haben vorab Ihr **Drehbuch** erstellt und wollen jetzt vermitteln, dass Sie sich für den Kunden interessieren.

Wie gehen Sie vor? Wie lauten Ihre Fragen an den Kunden?

Bekanntermaßen gibt es zwei Arten von Fragen: Offene und geschlossene. Wo ist aus Ihrer Sicht der Unterschied?

Offene Fragen, also alle W-Fragen, haben die wunderbare Eigenschaft, dass die Antworten umfänglich sind und wir somit die Informationen bekommen können, die wir brauchen. Daher sind offene Fragen das Mittel der Wahl für die **Bedarfsanalyse**.

Auf geschlossene Fragen lässt sich meist nur kurz antworten, häufig mit Ja oder Nein. Der Informationsgehalt ist also eher gering und zudem können geschlossene Fragen ein nicht erwünschtes Ergebnis erzeugen:

Frage: „Kennen Sie unsere Unternehmen?" Antwort „Nein."

Offene Fragen sind insbesondere am Anfang des Gesprächs sinnvoll. Geht es später im Gespräch um den konkreten Verbleib oder den Abschluss, dann ist die geschlossene Frage das bessere Mittel: „Dann kann ich das Angebot jetzt so bestätigen?"

Gestatten Sie uns an dieser Stelle mit Augenzwinkern den Vergleich mit einer Frage des Standesbeamten bei der Eheschließung. Dort werden Sie nicht offen nach dem Grad Ihrer Überzeugung gefragt, sondern haben abschließend die Antwortoptionen Ja oder Nein. Und der Vertrag, den Sie mit diesem einfachen Wort Ja schließen, ist äußerst umfänglich und bindend.

Nun verfolgen wir die Erstellung des Drehbuchs weiter. Für die Praxis hat sich bewährt, dass Sie bei Ihrer persönlichen Vorbereitung, also in Ihrem persönlichen Drehbuch, drei Fragen notieren:

Frage 1 (Ist) Kunde, wo sehen Sie Ihren Ist-Status (in dem Thema unseres heutigen Gesprächs)?

Frage 2 (Ziel) Kunde, was wollen Sie verbessert sehen/was ist also Ihr Ziel (in unserem Gespräch)?

Frage 3 (Weg/Vorgehen) Kunde, was haben Sie bereits unternommen und was können unsere ersten gemeinsamen Schritte sein?

Nennen wir diese drei Fragen **taktgebende Ordnungsfragen**, denn Sie müssen immer mit dem zu besprechenden Thema operationalisiert werden. Weitere Beispiele dazu finden Sie beim Instrument der Bedarfsanalyse in Abschn. 2.6. Die Ordnungsfragen bebildern als Begriff den Anspruch an Sie als Top-Verkäufer. Sie sind der Taktgeber, der „Schlagmann" für das Gespräch, der Strukturführer, der das **strukturierte Verkaufsgespräch** nicht nur moderiert, sondern auch steuert.

Konstruieren wir ein praktisches Beispiel: Schlüpfen Sie doch einmal in die Rolle der Ernährungsberatung. Der Verkaufsgegenstand ist hier „medizinisches Wissen". Dieses Gespräch sollte intrinsisch beinhalten, sich für den Kunden, hier den Patienten, zu interessieren. Sie verkaufen als Ernährungsberater also nicht den Einzelnutzen, sondern beraten ganzheitlich. Sie haben vorab mit dem ratsuchenden Menschen telefoniert und aufgenommen, dass dieser Mensch gerne deutlich sein Körpergewicht reduzieren möchte. Jetzt bereiten Sie sich auf das gleich stattfindende, physische Beratungsgespräch vor. Wie gehen Sie vor?

Das thematische Beispiel ist aus unserer Sicht so wunderbar eindeutig, dass Sie und wir wahrscheinlich bereits deckungsgleiche Lösungen vorliegen haben:

(1) **Fragen zum Ist-Zustand:** Konkretes Gewicht und Körpergröße? Wie viel, was und wann nimmt der Patient/der Kunde zu sich?
(2) **Fragen zum Ziel:** Um wie viel und in welchem Zeitraum, stellt sich der Kunde/der Patient vor, sein Gewicht zu reduzieren?
(3) **Fragen zum Weg/Vorgehen:** Was hat der Patient/der Kunde bereits selbst unternommen?

Sie sehen an diesem Beispiel, dass auch ein Beratungsgespräch im engeren Sinne ein Verkaufsgespräch ist. Ein Restaurantbesuch kann ebenfalls ein Verkaufsgespräch beinhalten. Der Kellner findet durch seine **Bedarfsanalyse** heraus, auf was Sie heute Appetit haben. Jeder Besuch beim Bäcker, an der Käsetheke im Feinkostgeschäft, im Jeansladen und im Mobilfunkshop kann (und sollte) zum klassischen Verkaufsgespräch werden. Überall da, wo Menschen miteinander kommunizieren mit dem Zweck, dass Waren und Dienstleistungen bedarfsgerecht vom Verkäufer zum Kunden wechseln, sollten Gespräche mit dem Handlungsrahmen und Dreiklang Ist -> Ziel -> Weg stattfinden.

Zusammengefasst liefern Ihnen diese Fragen das Grundgerüst, zu der eigentlichen Umsetzung der **Bedarfsanalyse** im **strukturierten Verkaufsgespräch**. Sie haben sich damit ein Drehbuch erstellt, das Ihnen den notwendigen Rahmen für die Praxis gibt.

Zum Abschluss dieses Abschnitts nehmen Sie nun bitte Ihr bevorstehendes Verkaufsgespräch gedanklich in Angriff.

Wie lauten Ihre Fragen an den Kunden?
Bevor wir zum **Gesprächseinstieg** kommen, wollen wir noch folgende praktische Frage beleuchten: Ist die Vorbereitung auf Papier oder die Nutzung eines Tablets besser geeignet?

Vor dem Jahr 2000 stellte sich diese Frage eher nicht. In den folgenden Jahren waren Tablets eher langsam und für den Kunden nur schwer „einsehbar". Damit hatten diese Geräte etwas kryptisches und erzeugten wenig positive Wirkung beim Kunden. Dieser konnte nur erkennen, dass sein Verkäufer etwas über ihn zusammengestellt hat. Aber was genau? Zudem waren die Fingerabdrücke auf den Bildschirmen kein optisches Highlight. Das alles zusammen genommen hatte mehr von „Quick & Dirty" als von einem professionellen Auftritt.

Heute funktionieren Tablets immer besser im Verkaufsgespräch. Sie sind größer geworden, sind in der Regel entspiegelt, so dass der Kunde an der Vorbereitung teilhaben kann und werden mit dem Stift oder Pen geübter bedient. Gut nutzbar sind Sie auch mobil z. B. direkt am Verkaufsregal. Sollte das Verkaufsgespräch also nicht im Büro, sondern am Point of Sale stattfinden, kann der Verkäufer den Kunden ohne Ablage und mit etwas Übung anschaulich in seine Vorbereitung eintauchen lassen. Das ist durchaus ein Vorteil gegenüber der Papierversion.

Schwieriger stellt sich häufig noch das für eine professionelle Wirkung notwendige Mitschreiben des Verkäufers dar. Hier erleben wir in unserer Praxis nur selten zufriedenstellende Lösungen. Verkäufer werden teilweise umständlich und sehr konzentriert bzw. abgelenkt auf dem Bildschirm tätig und verlassen so für den Kunden erkennbar das Verkaufsgespräch für einen langen Moment.

Wir möchten Ihnen mit einem Beispiel weitere Risiken bei der Verwendung von Tablets aufzeigen: Beim Besuch eines Outlets einer großen deutschen Einzelhandelskette durch den Gebietsverkaufsleiter eines Markenartikelunternehmens ergab sich folgende Situation: Der Verkäufer zeigt dem Kunden am Regal stehend die aus seiner Sicht geeigneten neuen Displays, die er bestellen kann. Der Kunde schaut sehr interessiert, nimmt das Tablet selbst in die Hand, um besser sehen zu können, entdeckt weitere Displays und entscheidet sich spontan für ein ganz anderes Display. Um diesen Auftrag zu dokumentieren und die Auswahl wieder einzugrenzen, entzieht der Verkäufer dem Kunden das Tablet wieder und gibt den Auftrag ein. Worauf der Kunde ärgerlich kommentiert: „Erst zeigen Sie mir die schönen Bilder und jetzt nehmen Sie mir diese wieder weg!"

Diese kleine Geschichte zeigt bestehende Hindernisse und Hürden. Das Verkaufsgespräch sollte keine „Experimentierstätte" und kein Spiel sein, sondern mit professionellem und absolut gebrauchsfähigem Equipment lediglich aufgewertet werden.

2.5   Der Gesprächseinstieg

In diesem Abschnitt beschreiben wir den positiven Auftakt eines Verkaufsgesprächs.

Zum Einstieg möchten uns und Ihnen folgende Frage stellen: Wie wird aus unserem Gespräch über das Wetter und aus unserer allgemeinen Plauderei ein effizientes Gespräch?

Ganz gleich, ob Sie es tagtäglich mit mehreren Kunden zu tun haben und sechs bis zehn Outlets anfahren müssen oder ob sich Ihre Kontakte auf wenige Gespräche oder gar nur auf einen Kunden beschränken, wie es üblicherweise im Key-Account-Management anzutreffen ist: Weder der Käufer noch der Verkäufer haben Zeit für Gespräche ohne Inhalt und Qualität. Die erste wichtige Basis für Effizienz ist der Einstieg in das Verkaufsgespräch, d. h. sind die ersten „Auge in Auge"-Momente mit dem Kunden. Und diese Momente können sehr unterschiedlich ausfallen. Bei wechselnden Kunden sowieso, aber auch bei einem einzelnen Kunden sind die Tagesform und die jeweiligen äußeren Umstände immer wieder verschieden. Daher brauchen wir als Verkäufer eine breite Klaviatur an Handlungsmöglichkeiten.

Bitte machen Sie sich Gedanken zu dieser Frage: Wie eröffnen Sie für gewöhnlich Ihr Verkaufsgespräch?

Inwieweit haben Sie mit Ihrem Lösungsansatz den Pfad der Allgemeinplauderei beschritten?

Tatsächlich haben wir anlässlich von gemeinsamen Kundenbesuchen mit Verkäufern Kollegen erlebt, deren einzige Variante die Befindlichkeitsfrage gewesen ist: „Wie geht's?"

In einem Fall hat die Dokumentation der gemeinsamen neun Kundenbesuche an einem Tag in genau neun Fällen die gleiche Frage zur Kundenbegrüßung ergeben: „Wie geht's denn?". Ein- oder zweimal wurde der Standard erweitert um die nächste eloquente Fragestellung „Wie läuft das Geschäft?"

Das sollte nicht der Anspruch an einen professionellen Spitzenverkäufer sein. Denn „Wie geht's?" ist eine offene Frage mit der Eigenschafft, dass Sie die Antwort nicht vorsehen können und sie daher sogar kritisch werden könnte. In den allermeisten Fällen antwortet der Befragte genauso stereotyp mit einem lapidaren „Danke, gut". Was passiert aber, wenn er wirklich auf die Frage eingeht und dem Fragesteller, beginnend mit einem „Nicht so gut" erzählt, dass er vielleicht seinen Job verlieren wird, dass er krank ist etc.?

Oder der so befragte Kunde geht in blumige Erzählungen über das letzte Wochenende über. Er erzählt und erzählt und kommt gerade so richtig in Schwung. Ihnen läuft jedoch mehr und mehr die Zeit davon. Möglicherweise müssen Sie den Redefluss Ihres Kunden sogar unterbrechen. Das könnte wiederum eine sehr negative Wirkung erzeugen. Sie stellen eine Frage und wollen eigentlich keine wirkliche Antwort. Wir sollten also die Variante „Wie geht's?" in das Reich der Floskeln verbannen und über vielschichtigere Ansätze nachdenken.

Wie würden Sie nun auf Basis der Erkenntnisse ein Gespräch bei einem Neukunden eröffnen?

Ist Ihnen die Antwort bzw. denkbare Vorgehensweise leichtgefallen? Wir empfehlen Ihnen folgenden Ablauf und die dazugehörige Positivkette – insbesondere um das Eis zu brechen in Kombination mit dieser Voraussetzung: Sie sind pünktlich!

Schritt 1 Die Terminvereinbarung hat offensichtlich funktioniert, Ihre persönliche Vorbereitung steht, Sie sind ordentlich gewaschen und frisiert, Ihr Auto ist sauber auf dem Kundenparkplatz abgestellt.

Schritt 2 Sie haben nach dem Verlassen Ihres Autos nochmals an sich heruntergeschaut, die Jacke oder den Mantel geschlossen, die Bekleidung geprüft und falls vorhanden, die Tasche in die linke Hand genommen.

Schritt 3 Auch, wenn eine Büroassistenz Ihnen im Besprechungsraum bereits einen Kaffee serviert und einen Sitzplatz zugewiesen hat: Sie bleiben bitte stehen, schließlich wollen Sie den Kunden auf gleicher Höhe begrüßen.

Schritt 4 Ihr Gesprächspartner betritt den Raum und Sie haben z. B. folgende Optionen „Guten Tag" zu sagen:

„Herr Kunde, ich freue mich, Sie persönlich kennen zu lernen."
„Herr Kunde, iIch habe mich schon auf unser Gespräch gefreut!"

Dazu gehört Ihre passende Mimik – ein Lächeln ist immer umsonst.

Sie überbringen keine schlechten Nachrichten, sondern versuchen mit Ihrer positiven Ausstrahlung die Sonne scheinen zu lassen. Und Sie können sich positiv von anderen Verkäufern unterscheiden, denen die Pflege dieser wirkungsvollen Details weniger wichtig erscheint. Haben Sie diese Punkte beherzigt, dann ist das Eis idealerweise jetzt gebrochen. Es gilt jetzt, das erzeugte Momentum zu nutzen.

Die nun folgenden Varianten sind bitte nicht singulär zu betrachten. Es kann also durchaus angezeigt sein, mehrere Varianten in einem Gespräch miteinander zu kombinieren.

Die Sicherheitsvariante (Standard)
Der sicherste aller möglichen Einstiege und ein professioneller noch dazu, arbeitet mit dem so genannten Vorgesprächshinweis:

„Herr Kunde, wie Sie mir bereits am Telefon mitteilten, ist Ihnen das Thema xy besonders wichtig. Dafür bin heute hier."

Erstmals bringen Sie ein hohes Gut des Verkäufers in das Gespräch ein: die **Resonanz**. Sie beginnen, die entscheidenden Aussagen des Kunden zu quittieren, in diesem Fall die Kernaussagen aus dem Telefonat zur Terminvereinbarung. Die Kernbotschaften der **Resonanz** bereiten wir noch ausführlich in Kap. 3 unter der Überschrift **Customer Chair** auf.

Die wertschätzende Variante mit Lob (Standard)
Bitte machen Sie sich einige Gedanken zu folgender Frage: Was könnten Sie loben, obwohl Sie nun erst wenige Minuten im Gespräch sind?

Was ist Ihnen zum Thema Lob eingefallen?

Damit Ihr Lob den Adressaten wirklich erreicht und nicht aufgesetzt wirkt, gibt es eine Rückversicherung. Schlüpfen Sie dazu bitte in die Rolle des Adressaten. Sie empfangen jetzt also ein Lob. Welche Attribute, also welche „Charakterzüge" sollte dieses Lob beinhalten, damit es bei Ihnen eine positive Wirkung erzeugt?

Ein Lob sollte stets ehrlich, konkret, aktuell und gratis sein. Diese Kriterien wollen wir nun beleuchten:

- **Ehrlich:** Wenn Sie das Büro des Kunden loben, obwohl der Teppich schmutzig ist, die Möbel alt und die Akten auf dem Boden verteilt stehen, dann wäre das Lob nicht ehrlich.
- **Konkret:** Wenn Sie Allgemeinformulierungen anwenden, wie „Sie haben es aber nett hier", dann wäre das Lob weder authentisch noch konkret und somit beliebig.
- **Aktuell:** Wenn Sie ein Lob aussprechen, das inhatlich nicht mehr nachvollziebar ist, weil der Anlass in der Vergangenheit liegt, dann wirkt es erneut nicht authentisch und zusätzlich verwirren Sie den Kunden möglicherweise.
- **Gratis:** Wenn Sie etwas lobend ansprechen, jedoch aus diesem Thema einen Anspruch formulieren, dann wirkt Ihre Ableitung anmaßend. Ein negatives Beispiel kann wie folgt aussehen: „Ich sehe, Sie haben sich gerade tolle neue Fahrzeuge angeschafft". Daraus leiten Sie als Verkäufer unausgesprochen ab, dass genügend Budget für Ihre Produkte im Unternehmen vorhanden ist und formulieren daraus eine witzig gemeinte Überleitung: „Dann kann der Kauf meiner Produkte für Sie doch aus der Portokasse erfolgen." Das war dann weder gratis noch ein Eisbrecher.

Die modifizierte Variante mit der Abfrage von Erwartungen

Wenn nicht nur das Produkt oder die Dienstleistung im Mittelpunkt stehen, sondern auch das vertrauensvolle Miteinander mit dem Kunden, dann geht es darum, den Kunden auch auf der persönlichen Ebene mit Fragen abzuholen:

> „Welche Erwartungen haben Sie an unser Gespräch?" oder „Welche Erwartungen haben Sie an mich, als Ihren (möglichen) Geschäftspartner?"

Bitte bleiben Sie mit Ihrer Frage nach den Erwartungen bei den persönlichen Eigenschaften, die Sie über die Qualität Ihrer Arbeit erfüllen können. Die Abfrage von allgemeinen Erwartungen ist hier nicht zielführend bzw. könnte dazu führen, dass Sie eine Antwort bekommen, die Sie nicht realisieren können, oder die Sie aus dem Konzept bringt. Ein Beispiel:
„Welche Erwartungen haben Sie an unser Unternehmen?" Antwort „Preisnachlässe!"

Diese Antwort wäre eine Sackgasse. Bitte überlegen Sie daher ganzheitlich, welche Antworten denkbar sind und steuern Sie so aktiv.

Die modifizierte Variante mit selbst formulierten Erwartungen und Zielen

Diese Variante eignet sich nicht für alle Fälle, sondern ist abhängig von Thema, Zeitrahmen und Setting. Sie ist jedoch gut geeignet für Verkaufsgespräche in Teams oder Gremien. Beispiele für den **Gesprächseinstieg** könnten wie folgt aussehen:

„Sehr geehrter Herr Kunde, Sie können von mir (von uns) erwarten, dass ich Ihnen nur die Produkte anbiete, die für Sie wirklich einen Nutzen haben und Ihnen auch offen sage, wenn ich keine Lösung sehe. Dafür wünsche ich mir von Ihnen, dass Sie mir im Gespräch offen Ihre Ziele darlegen."

„Lieber Herr Kunde, mein Ziel ist es, Sie optimal im Thema xy beraten zu können. Damit ich dieses Ziel umsetzen kann, wünsche ich mir auch von Ihnen, dass Sie Ihre persönlichen Ziele mir gegenüber offen kommunizieren."

Für beide Varianten sollte eine Bestätigungsfrage folgen, die Ihnen die notwendige Sicherheit gibt, das Gespräch weiter auf diese Varianten aufzubauen:

„Können wir so vorgehen?"

Die Erfolgspunkte in Kurzform:

(1) Verzichten Sie auf Allgemeinfloskeln in der Art „Wie geht's"?
(2) Kombinieren Sie nützliche Standardvarianten mit professionellen Modifikationen. Standard: Vorgesprächshinweis, Lob -> Modifikation: Erwartungen erfragen, Ziel ansprechen
(3) Fragen Sie mutig und konkret nach Erwartungen und klären Sie das Ziel.

2.6   Die Bedarfsanalyse

Sie befinden sich jetzt bereits im eigentlichen Gespräch, der **Gesprächs-einstieg** ist geschafft. Sie starten nun die eigentliche Umsetzung der **Bedarfsanalyse** und haben dazu Ihre Vorbereitung, d. h. Ihr Drehbuch zur Hand.

Erinnern Sie sich? Am Ende des Abschn. 2.4 hatten wir die notwendige Basis gelegt, mit der wir nun weiterarbeiten.

Wie gehen Sie jetzt weiter vor? Was gilt es aus Ihrer Sicht zu beachten?

Vielleicht sind Sie ebenfalls zu folgendem ersten Ergebnis gekommen: Die Umsetzung der **Bedarfsanalyse** ist nicht trivial, sondern eine hohe Kunst. Daher wollen wir die folgenden Schritte sezieren.

2.6.1 Schritt 1: Bedarfsanalyse zum Ist-Zustand

Bleiben Sie bitte immer eng an den in Ihrer Vorbereitung formulierten Fragen. Die Ist-Analyse ist auch ein Stück Fleißarbeit, weil Sie umfänglich sein muss. Erinnern Sie sich bitte an das obige Beispiel. Sie waren gedanklich in die Rolle der Ernährungsberatung geschlüpft und hatten sich bereits das Körpergewicht und die Körpergröße des Patienten notiert. Um sich jetzt tiefergehend zu informieren, um ein umfängliches Bild des konkreten Ist-Zustandes zu bekommen, werden Sie als Ernährungsberaterin oder Ernährungsberater nun nach den Essgewohnheiten fragen. Folgende Frage steht auf Ihrer Vorbereitung: „Was nehmen Sie wann und in welcher Menge zu sich?"

Auf diese Frage antwortete Ihr Kunde, dass er von seinem Arbeitgeber in der Schichtarbeit eingesetzt wird. Daher interessieren Sie sich jetzt zusätzlich dafür und finden heraus, dass Ihr Kunde häufig in der Nachtschicht arbeitet. Sie bekommen also mittlerweile ein umfänglicheres Bild der Gesamtsituation, durch den Einsatz der vorbereiteten Fragen und der sich daraus ergebenden Fragen im Gespräch.

2.6.2 Schritt 2: Bedarfsanalyse zum Ziel-Abgleich

Als Ernährungsprofi haben Sie nun bereits einige Ratschläge im Kopf. Aber Sie haben hier gelernt, sich an den Bedürfnissen des Kunden zu orientieren. Diese Orientierung am Gesprächspartner ist absolut maßgeblich und eine Grundanforderung an jeden Verkäufer. Unser Rat an Sie lautet daher: Erfragen Sie und verinnerlichen Sie die Ziele Ihres Kunden! Deswegen stellen Sie nun die wichtigen Ziel-Fragen: „Um wie viel und in welchem Zeitraum möchten Sie Ihr Gewicht reduzieren?"

Sie sollten als Verkäufer jetzt nicht überrascht sein, wenn Sie Ziele hören, die unrealistisch sind. Es geht an dieser Stelle nicht darum, Ihrem Kunden seine Ziele auszureden. Wenn Sie weiter bei Ihrem strukturierten und damit professionellen Ablauf bleiben, wird der Kunde häufig selbst erkennen, dass seine Ziele unrealistisch sind und sie revidieren.

2.6.3 Schritt 3: Bedarfsanalyse zum Weg/Vorgehen

Noch einmal stellen Sie Ihre bereits vorhandenen Ideen zur sinnvollen Gewichtsreduzierung des Kunden hinten an und erfragen, was der Kunde bereits unternommen hat. Er antwortet Ihnen beispielsweise, dass er schon einige Versuche hinter sich hat, um sein Körpergewicht zu reduzieren, auch schon mit kurzfristigem Erfolg. Jedoch gab es den Jo-Jo Effekt zum alten Übergewicht.

Zusammengefasst haben Sie jetzt nicht nur das umfängliche Bild der Gesamtsituation, dass Sie brauchen, um passgenau zu beraten. Zusätzlich signalisiert das Unterbewusstsein des Kunden idealerweise, dass er sich Ihnen in diesem persönlich für ihn schwierigem Thema gegenüber öffnen kann. Weil Sie sich offensichtlich wirklich für ihn und seine Lebenssituation interessieren. Zusätzlich haben Sie die Antworten mit den noch zu beschreibenden Kompetenzen des **Customer Chairs** untermauert (siehe Kap. 3) und signalisiert, dass Sie seine Antworten verstanden haben.

Das versetzt Sie jetzt in der Regel in die Lage, die ersten erforderlichen Maßnahmen vertraulich mit dem Kunden verabreden zu können.

Am Rande bemerkt: Wir haben hier mit Absicht ein Beratungsgespräch als **strukturiertes Verkaufsgesprächs** abgebildet. Wir wollen damit wieder zum Ausdruck bringen, dass nicht nur „Hard Selling" mit tendenziell aggressiven Verkaufsmethoden ein Verkaufsgespräch beinhaltet. Auch beim Verkauf von zum Beispiel medizinischem Wissen ist ein wirtschaftlicher Erfolg messbar. Nämlich dann, wenn der Kunde, hier der Patient, das Gespräch so hilfreich empfunden hat, dass er die Beratungsgespräche fortsetzen möchte oder uns sogar weiterempfiehlt. Auch der Restaurantbesuch lässt Sie hoffentlich als Gast ein gut **strukturiertes Verkaufsgespräch** erleben, schließlich geben Sie möglicherweise mehr Geld aus als ursprünglich gedacht und fühlen sich trotzdem gut beraten.

Wir stellen dazu folgende Thesen auf: Eine professionelle **Bedarfsanalyse** ist aktive Kundenbindung. Möglicherweise handelt es sich um die effizienteste Form der Kundenbindung. Es ist das Königsinstrument des Verkäufers und nimmt einen zentralen Platz mit hohem Nutzen im **strukturierten Verkaufsgespräch** ein.

Trotzdem wird aus unserer Erfahrung bei keinem anderen Instrument **des strukturierten Verkaufsgesprächs** so häufig ungenau und nachlässig vorgegangen. Eine wirkliche **Bedarfsanalyse** bedarf der beschriebenen professionellen Vorbereitung (siehe Abschn. 2.4.) und sollte kognitiv und intuitiv verstanden sowie emotional akzeptiert sein. Emotional akzeptiert sein heißt für uns, dass der Verkäufer die **Bedarfsanalyse** soweit reflektiert hat, dass er sie wirklich einsetzen will und nicht nur als technisches Hilfsmittel zur Durchführung eines Gesprächs erkennt.

Ein Top-Verkäufer hat aus unserer Sicht die **Bedarfsanalyse** in seine DNA aufgenommen. Übertrieben formuliert, wird er sich körperlich unwohl fühlen müssen, wenn er aus einem Verkaufsgespräch gekommen ist und erkennt, dass er keine **Bedarfsanalyse** durchgeführt hat.

Wir möchten an dieser Stelle bewusst folgendes Ziel wiederholen und festigen: Unabhängig vom Produkt oder der Dienstleistung, um das oder die es in einem Verkaufsgespräch inhaltlich geht, ist es unser übergeordnetes Ziel als Verkäufer, dass der Kunde insbesondere auf einer unterbewussten Ebene erkennt, dass wir uns wirklich für ihn interessieren. Wir wollen erreichen, dass der Kunde sieht, dass er mit seinen Bedarfen und Bedürfnissen bei uns an der richtigen Adresse ist.

Zur Vertiefung der Grundstruktur Ist -> Ziel -> Weg in Verbindung mit der **Bedarfsanalyse** möchten wir Sie gedanklich durch ein weiteres

Beispiel führen. Nehmen Sie dabei bitte die Seite des Kunden ein. Es geht um den Autokauf im Autohaus Ihrer Wahl.

Situation 1 Sie schauen sich gerade im Showroom etwas um, als der Verkäufer auf Sie zukommt und Ihnen als erstes signalisiert, dass er Ihnen für das Modell vor dem Sie gerade (zufällig) stehen, einen großzügigen Rabatt gewähren könnte.

Situation 2 Sie sehen sich gerade im Showroom um, als Verkäufer Nummer 2 als erstes Ihren Namen erfragt und dann folgende weitere Fragen stellt:

„Welches Fahrzeug fahren Sie bislang und wie hoch ist die jährliche Fahrleistung?"

„Was soll sich mit dem Kauf eines neuen Fahrzeugs verbessern oder verändern?"

„Welche Modelle haben Sie sich bereits angeschaut oder Probe gefahren?"

Bitte bewerten Sie beide Situationen. In welcher Situation wird der Verkäufer den Zugang zum Kunden erfolgreicher finden?

Im Idealfall kombinieren Sie im Beispiel Ihre positive Grundeinstellung und Ihr freundliches Auftreten mit der strukturierten **Bedarfsanalyse**. Das Ergebnis ist bekannt. Der potenzielle Autokäufer gewinnt den Eindruck, dass Sie sich für ihn interessieren und dass Sie nicht einfach ein Auto verkaufen wollen, das schnell vom Hof soll. Gerade beim Kauf eines Autos ist das vertrauensvolle Miteinander erfolgskritisch, insbesondere für die langfristige Zufriedenheit nach dem Kauf.

Im Grunde coachen Sie den Kunden durch Ihr Verhalten aktiv und leisten einen Beitrag zur Wertschätzung für eine gute Beratung und ein gutes Verkaufsgespräch. Vertrauen entsteht also nicht durch theoretische Absichten und Einstellungen, sondern durch die gelebte Praxis. Wenn wir dieses Ziel nicht erreichen können, dann brauchen wir am Ende weder das Verkaufsgespräch noch den Verkäufer. Dann kann der Kunde im Internet einfach Produkte und Dienstleistungen anhand von Beschreibungen und Preisvergleichen bestellen. Das Geschäftsmodell von Amazon funktioniert sehr gut so.

Aber kann das unser Anspruch sein, dass wir uns an dieser Stelle geschlagen geben? Nein.

Bitte denken Sie bei der praktischen Umsetzung der **Bedarfsanalyse** auch daran, die Antworten und Hinweise der Kunden mitzuschreiben. Wie würden Sie darüber denken, wenn der Verkäufer in einem längeren Verkaufsgespräch zwar gute Fragen stellt (auf die Sie umfänglich antworten), sich aber keinerlei Notizen zu den Antworten macht?

Neben der Frage der Wertschätzung wollen Sie die Antworten des Kunden in folgenden Gesprächen nutzen. Und es erzeugt einen professionellen Eindruck, wenn Sie sich noch Wochen später daran erinnern (weil Sie es sich aufgeschrieben haben), was der Kunde Essenzielles zu Ihnen gesagt hatte.

Die Kür auf dem Weg zur vertrauensvollen Kommunikation stellt die **Resonanz** dar, als Kernkompetenz des **Customer Chairs** bzw. als Kulminationspunkt des erfolgreichen Verkaufens. Nachdem der Kunde Ihnen durch Ihre professionelle **Bedarfsanalyse** die notwendigen Informationen offenbart hat, stellt die **Resonanz** das Verbindungsmaterial für die kundenorientierte Kommunikation dar.

Nach diesen ersten Beispielen empfehlen wir Ihnen, die **Bedarfsanalyse** regelmäßig zu trainieren. Welche hilfreichen Beispiele fallen Ihnen aus Ihrem Arbeitsleben als Verkäufer oder im Privatbereich ein? In welcher Rolle haben Sie diese Beispiele erlebt bzw. analysiert? Und nehmen

Sie bitte Ihr nächstes, bevorstehendes Verkaufsgespräch gedanklich in Angriff. Wie gehen Sie vor?

Als Führungskraft und Coach im Vertrieb sind Sie zweifach gefordert. Einerseits sollten Sie selbst in der Lage sein, eine professionelle **Bedarfsanalyse** durchzuführen und andererseits geht es um Ihre Verantwortung dafür, dass jeder einzelne Mitarbeiter Ihrer Mannschaft dazu in der Lage ist. Wenn Sie somit als Vorgesetzter und Verkäufer sicher sein wollen, dass Sie genügend offene Fragen für die **Bedarfsanalyse** zur Auswahl haben, dann legen Sie sich gerne einen Fragenkatalog nach der bekannten Struktur (Ist -> Ziel -> Weg) an. Noch besser wäre es, wenn Sie das gesamte Team auffordern, Ihnen offene Fragen zu liefern, die in der Praxis tagtäglich Verwendung finden.

Im Folgenden erhalten Sie zur Unterstützung zwei exemplarisch zusammengestellte Fragenkataloge als Muster.

(1) Beispiel aus dem IT-Bereich:
Ist: Wo steht der Kunde heute?

* Damit ich die Darstellung unseres Leistungsspektrums optimal auf Ihre Bedürfnisse anpassen kann, ist folgende Frage für mich wichtig: Wie sieht Ihre Systemlandschaft aktuell aus?
* Da wir ein sehr breites technisches Beratungsportfolio haben: Wie sieht Ihre Systemlandschaft aktuell aus?

- Damit wir uns auf die für Sie wichtigen Punkte fokussieren können: Für welches Projekt benötigen Sie in erster Linie Unterstützung?
- Wie sieht nach heutigem Stand die Organisationsstruktur Ihres IT-Bereichs aus?
- Damit ich die Bedeutung des Projekts optimal einschätzen kann: Wie hoch ist aus Ihrer Sicht der Stellenwert des anvisierten Projekts?
- Welche Bedeutung hat das Projekt für Sie persönlich?
- Damit ich die Mitarbeiterressourcen auf Ihre Bedürfnisse abstimmen kann: In welcher Phase befindet sich das Projekt?
- Welche Partner haben Sie bereits in Ihr Projekt eingebunden?

Ziel (Soll-Zustand): Was will der Kunde bis wann erreichen?

- Bis wann sollen die aktuellen Projekte abgeschlossen werden?
- Gibt es Projekttermine ohne Puffer und falls ja, welche und warum?
- Damit ich Ihnen in Zukunft die entsprechende Unterstützung anbieten kann: Wie sehen Ihre Ziele aus?
- Wie haben Sie Ihre Ziele priorisiert?
- Wie stellen Sie sich Ihre Systemlandschaft in ca. 2 Jahren vor?
- Welche persönlichen Ziele verfolgen Sie im Projekt?
- Wenn Sie einen persönlichen Wunsch zu diesem Projekt haben, wie sieht dieser aus bzw. was wollen Sie umgesetzt sehen?
- Welchen Nutzen wollen Sie erreichen?
- Welche Ziele sollen bis wann erreicht werden?

Weg (Umsetzung): Welche Erwartungen bestehen an die Zusammenarbeit?

- Wie sieht Ihre Vorstellung zur Projektorganisation aus?
- Inwieweit vergeben Sie komplette Projekte und inwieweit wollen Sie die Projektleitung durch eigene Mitarbeiter durchführen lassen?
- Wie stellen Sie sich die Zusammenarbeit mit uns vor?
- Was können wir gemeinsam als nächste Meilensteine und Maßnahmen festlegen?
- Aus welchem Fachbereich sollen wir einen Spezialisten hinzuziehen?
- Welche Erwartungen haben sie an die Dokumentation des Projekts?
- Wie soll ein schriftlicher Projektplan aussehen?

(2) Beispiel aus der Gastronomie:
Ist: Wo steht der Kunde heute?

Persönlich:

* Wie lange führen Sie bereits das Objekt?
* Sind Sie der alleinige Betreiber?
* Inwieweit sind Sie noch an weiteren Objekten beteiligt?
* Wie bewerten Sie Ihre Mitbewerber?

Allgemein:

* In welchem Umfang ist Ihnen unser Unternehmen bekannt?
* Welche Informationen haben Sie zu unserem Portfolio?

Strategisch:

* Wie bewerten Sie Ihre aktuelle Strategie hinsichtlich: Personal? Konzept? System?
* Wie bewerten Sie Ihre aktuelle Geschäftsentwicklung?
* Welche Zielgruppe sprechen Sie als Gäste an?
* Wie bewerben Sie Ihren Betrieb?

Spezifisch:

* Welche Produkte/Marken/Sortimente führen Sie aktuell/haben Sie aktuell im Ausschank?
* Welche Produkte sind die Bestseller/Ladenhüter?
* Welche sind die stärksten Monate?
* Wie viele Plätze hat Ihr Betrieb?
* Welche Laufzeit hat Ihr Mietvertrag?
* Inwieweit sind Sie vertraglich bei welchen Produkten gebunden?
* Mit welchem Fachgroßhändler arbeiten Sie zusammen?
* Wie viel Absatz in Liter oder Flaschen verkaufen Sie mit den Produkten?
* Wie zufrieden sind Sie mit Ihrem Sortiment?
* Wie lange läuft noch Bezugsverpflichtung bei Brauerei x?

- Wie zufrieden sind Sie mit den Lieferanten?
- **Ziel** (Soll-Zustand): Was will der Kunde bis wann erreichen?

Persönlich:

- In welchem Umfang wird sich Ihr persönliches Engagement in der Zukunft ändern?
- Wie lange wollen Sie Ihr Objekt noch betreiben?
- Was ist für Sie in der Zusammenarbeit mit uns wichtig?

Strategisch:

- Welche betriebswirtschaftlichen Ziele wollen Sie erreichen?
- Welchen Absatz stellen Sie sich als Ziel vor?
- Welche Investitionen sind zukünftig geplant? In welcher Höhe?
- Was soll sich verändern hinsichtlich: Personal, Konzept, System?
- Wo sehen Sie Ihr größtes Entwicklungspotenzial?
- Welche Zielgruppe soll zukünftig zusätzlich angesprochen werden?

Spezifisch:

- Welche Erwartungen stellen Sie an Ihr zukünftiges Sortiment und die Betreuung?
- Welche Erwartungen haben Sie bei einer Änderung des Sortiments?
- Was würden Sie von einer Qualitätsoptimierung erwarten?
- Welche Konditionen und Leistungen erwarten Sie?
- Was müssen wir tun, um Sie zu einem Produktwechsel zu bewegen?
- **Weg** (Umsetzung): Welche Erwartungen bestehen an die Zusammenarbeit?

Persönlich:

- Welche Maßnahmen zur Umsetzung der genannten Ziele sind Ihnen persönlich wichtig?
- Auf welche Maßnahmen möchten Sie explizit verzichten?

Strategisch:

* Was tun Sie bereits aktiv, um die Absätze zu steigern?
* Welche Verkaufsförderung können Sie sich für die erweiterte Zielgruppe vorstellen?
* Welche Voraussetzungen müssen wir als Ihr Partner erfüllen?
* Wie können wir den Markenwechsel unterstützen?
* Was müssen wir bei unserem Angebot berücksichtigen?

Spezifisch:

* Wie stellen Sie sich eine Erweiterung Ihres Sortiments vor?
* Welche Produkte unserer Brauerei kommen für Sie in Frage?
* Was wäre aus Ihrer Sicht ein erster Schritt in der Zusammenarbeit?
* Welche Produktmuster können wir Ihnen zusenden?
* Welches kann unser Startprodukt sein?
* Welche Schulungen machen in Ihrem Objekt Sinn?
* Wie sehen Sie jetzt eine Testphase mit unserem Produkt in Ihrem Haus?
* Was halten Sie von einer Verkostung der vorgestellten Produkte?
* Wie können wir die Belieferungslogistik verbessern?

2.7 Die Nutzenargumentation

Im Zeitalter der sozialen Medien und des Überflusses an Information ist es wichtig, eine kommunikative Überfrachtung zu vermeiden und sich grundsätzlich an den Bedarfen der Kunden zu orientieren. Damit schlägt wieder die Stunde Ihres persönlichen Think Tanks, Ihrer persönlichen **Denkfabrik**.

In diesem Abschnitt geht es um Ihre professionelle **Nutzen-argumentation**, die mehr sein soll, als die Darbietung gut gelernter Argumente. Diese sind selbstverständlich wichtig, sie sollen nur vorab durch Ihren persönlichen Wahrnehmungsfilter gelaufen sein. Das heißt, dass Ihre persönliche **Denkfabrik** die Argumente aus Kundensicht auf **Konsistenz und Verständlichkeit** prüfen muss.

Antizipation soll ein weiteres Hauptmerkmal Ihrer persönlichen **Denkfabrik** sein. Sie steuern Ihre Vorbereitung, indem Sie mögliche Fragen, die der Kunde stellen wird, vorab erkennen und die Antworten in Ihre Vorbereitung einfließen lassen.

Zur Einordnung: Sie haben durch Ihre **Bedarfsanalyse** alle Informationen erhalten, die Sie brauchen, um den Kunden optimal beraten, respektive von den eigenen Leistungen überzeugen zu können. Bei einem Neukundenkontakt haben Sie möglicherweise an dieser Stelle das Gespräch beendet bzw. unterbrochen und signalisiert, dass Sie im nächsten Schritt seinen Input verarbeiten wollen. Sie wollen also Ihre Hausaufgaben machen, um dem Kunden im nachfolgenden Termin eine professionelle **Nutzenargumentation** auf Basis seiner komplexen Bedarfe und Bedürfnisse zu präsentieren.

An dieser frühen Stelle möchten wir alle Verkäufer auffordern: Bringen Sie bitte Argumente gezielt auf den Punkt und vermeiden Sie einen **Nutzen-Duschen-Monolog**. Doch worauf wollen wir hinaus?

Nutzen-Duschen-Monolog

Dieses Credo der Fokussierung ist uns wichtig, denn nach unserer Erfahrung wird gerade im B2B-Bereich bei der Vorbereitung häufig nach dem Motto vorgegangen: „Viel hilft viel". Der Plan ist dann scheinbar, den beabsichtigten verkäuferischen Erfolg mit der Anzahl der identifizierbaren Argumente zu verknüpfen. Aus unserer Sicht ist das der falsche Weg.

Paul soll Sie dabei an die Konzentration auf das Wesentliche erinnern (siehe auch Kap. 7).

Bitte denken Sie nun bei der **Nutzenargumentation** wieder an das Highlight der persönlichen **Resonanz** im Zusammenhang mit der **Bedarfsanalyse**. Sie haben mit eigenen Worten verstärkt, was dem Kunden besonders am Herzen liegt und sein Ziel nochmals verdichtet:

„Herr Kunde, Ihnen war ja ganz besonders wichtig, dass …"
„Herr Kunde, Ihr Ziel ist es, dass …"

Nun haben Sie die Chance, Ihr Verkaufsgespräch zu einer besonders erfolgversprechenden strukturierten Kommunikation werden zu lassen. Bitte stellen Sie sich dazu folgende Frage: Wie nutzen Sie Ihre eigene Fähigkeit zur **Resonanz** für einen optimalen Einstieg in die **Nutzenargumentation**?

Welche Antworten haben Sie gefunden?

Ein entscheidendes Thema hierbei ist: die Energie. Genauer gesagt die Energie, die der Kunde aufbringen muss, um Ihrer Argumentation zu folgen.

Zur Vorbereitung wechseln Sie bitte wieder die Seiten. Sie sind jetzt der Käufer und stellen sich folgende Frage: Wie sollte der Verkäufer Ihnen gegenüber seine Argumente platzieren, damit Sie nicht gelangweilt oder reizüberflutet abschalten und den bekannten Fluchtreflex spüren?

Wie sehen Ihre Antworten aus? Nachdem Sie sich gedanklich mit dem Käufer beschäftigt haben, bitten wir Sie nun wieder auf dem Stuhl des Verkäufers Platz zu nehmen.

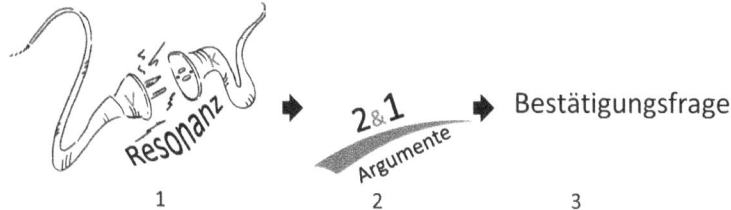

Abb. 2.1 Argumentationsformel

Wenn Sie jetzt mit einem Dutzend auswendig gelernter Argumente aufwarten, die möglicherweise wenig mit den Bedarfen des Kunden zu tun haben und diese dazu noch mit einer unverständlichen Marketingsprache garnieren („Unser vertikales Kommunikationskonzept schafft durch eine zukunftsorientierte und formattechnische Vernetzung aller Items und Testimonials eine Ebene der Interaktion"), dann haben Sie Ihren Kunden wahrscheinlich geistig und emotional abgehängt.

Unser Rat an Sie lautet daher: Bleiben Sie klar, strukturiert und verständlich und nutzen Sie bitte die Argumentationsformel in Abb. 2.1, die sich aus unserer Sicht über die Jahre bewährt hat.

Diese Formel wenden wir nun an einigen Beispielen an.

Schritt 1 Der **Nutzenargumentation** geht das Quittieren der Kundenbedarfe voraus.

Dieses Icon

taucht ab sofort immer dann auf, wenn Ihre persönliche **Resonanz** als Kernkompetenz des Customer Chairs gefordert ist.

> „Sehr geehrter Herr Kunde, Ihnen ist ja ganz besonders wichtig, dass alle Maßnahmen auf Ihr gestecktes Ziel … einzahlen."

Schritt 2 Nun folgt die Verbindung zu Ihren Argumenten („Genau das erreichen wir mit …")

Sie können jetzt zwei Argumente präsentieren, die möglicherweise Ihr Wettbewerber auch zu bieten hat, schließlich erfinden Sie nicht jedes Mal das Rad neu. Und vermutlich gehören die Argumente auch zum Produkt oder zur Dienstleistung, so dass es sinnvoll ist, diese hier nochmals aufzurufen.

Anschließend sollten Sie ein Argument platzieren, dass die Wettbewerber so nicht leisten können. Dieses Argument ist idealerweise neu und bietet dem Kunden einen **Zusatznutzen**:

> „… und zusätzlich erzielen wir ein Alleinstellungsmerkmal/einen Zusatznutzen durch …"

So kommen Sie nun auf eine Anzahl von insgesamt drei Argumenten. Und mehr sollten es nach Möglichkeit auch nicht sein. Unsere These dazu ist, dass die Energie bzw. Kapazität des Zuhörers nach drei Argumenten erschöpft ist und ein weiteres Trommelfeuer des Verkäufers den mentalen Ausstieg des Kunden bedeuten würde.

Schritt 3 Bestätigung durch **Resonanz**

Statt weiterer Argumente setzen Sie nun Ihre persönliche **Resonanz durch die Bestätigungsfrage** ein:

> „Sehr geehrter Herr Kunde …, ist es in Ihrem Sinne/trifft das aus Ihrer Sicht den Kern Ihrer Überlegungen/zahlt das so auf Ihre Ziele ein?"

Die Bestätigungsfrage ist eine geschlossene Frage. Sie soll sicherstellen, dass beide Partner dasselbe Bild vor Augen haben. Mit Ihrer Frage als **Resonanz** soll der Kunde das Bild, das er im Kopf hat, Ihnen gegenüber bestätigen und Sie sind wieder bei **seinen** Bedarfen und Zielen angelangt.

Die Erfolgspunkte in Kurzform:

(1) Quittieren Sie zunächst immer die Bedarfe und Ziele des Kunden.
(2) Weniger ist mehr. Halten Sie sich in Ihrer Argumentation an die Faustregel 2+1.
(3) Klären Sie das gemeinsame Verständnis durch eine Bestätigungsfrage.

2.8 Die Einwandbehandlung

Wir möchten Ihnen mit diesem Abschnitt – falls vorhanden – das Unbehagen bei Einwänden im Verkaufsgespräch nehmen.

Die **Einwandbehandlung** kann ein wunderbares Instrument sein, wenn es gelingt, die Hintergründe richtig einzuordnen und als Chance zu verinnerlichen. Leider leistet häufig unser eigener Verstand einen negativen Beitrag und die Situation eskaliert weiter, anstatt die Luft aus dem Kessel zu nehmen. Die Ursache liegt darin begründet, dass eine wirksame **Einwandbehandlung** nur zu wenigen Teilen über das logisch-kognitive Verständnis abläuft.

Machen Sie dazu bitte folgendes Gedankenexperiment, dass Sie wahrscheinlich so ähnlich bereits erlebt haben: Sie sitzen mit Freunden in einer netten Runde und nach ein paar Getränken schafft es einer der Freunde, Sie mit folgenden Sätzen aufs Korn zu nehmen: „In Deinem Job braucht man keine Fähigkeiten, sondern nur Sitzfleisch. Selbstständig denken ist da wohl auch nicht gefragt. Außerdem ist es ja noch spannender im Stau zu stehen, als Deinen Job zu machen."

Statt schlagfertig darauf zu antworten, bekommen Sie keinen Satz heraus und ärgern sich leise aber heftig und denken: „Wie kann der so über mich lästern?" Zwei Stunden später sind Sie zuhause angekommen, immer noch verärgert und wissen dafür jetzt genau, was Sie hätten antworten sollen. Leider zwei Stunden zu spät.

Beim Thema der **Einwandbehandlung** und der damit verbundenen Schlagfertigkeit gilt es zunächst immer zu berücksichtigen, in welcher Situation Sie sich befinden. Stellen Sie sich dabei bitte folgende Frage: Kann ich auf eine freche Aussage mit einem Gegenspruch kontern oder sollte ich versuchen, die Situation zu deeskalieren?

Einfacher ausgedrückt geht es um die Entscheidung: **Besiegen oder Entwaffnen!**

In der geschilderten privaten Situation kann ein souveräner und möglicherweise deutlicher Konter durchaus erlaubt sein. Für das **strukturierte Verkaufsgespräch** stellt sich diese Option nicht. Wir können und wollen den Kunden nicht besiegen.

Und wir sollten den Kunden nicht mit frechen Sprüchen begegnen und ihn auch nicht belehren. Letztgenannte Methode stellt eine besonders subtile Unterart des „Besiegenwollens" dar. In beiden Fällen besteht das Risiko, dass der Kunde sich entscheidet, lieber nicht (mehr) bei Ihnen zu kaufen. Ist das Ihre Absicht?

Kontraproduktiv kann mitunter auch folgende kopfgesteuerte Rückfrage sein: Was genau meinen Sie, lieber Kunde, mit diesem Einwand? Die Gefahr ist, dass er Ihnen das genauer erklären wird und sich dadurch selbst nochmals eindringlich vor Augen führt, was ihm gerade nicht passt. Er investiert also noch mehr Energie in diesen Sachverhalt.

Interessant ist dieser Zusammenhang: Wenn wir Verkäufer in Verkaufstrainings vorab befragen, wofür sie im Training insbesondere eine Lösung suchen, dann werden zu mindestens zwei Drittel der Umgang mit den Einwänden der Kunden oder das Verhalten gegenüber schwierigen Kunden genannt. Wenn man als Moderator dann darum bittet, konkrete Beispiele aus der Praxis zu nennen, dann entsteht der Eindruck, dass die Verkäufer jeden Tag mit zahlreichen schlecht gelaunten Kunden und deren destruktiven Ein- und Vorwänden konfrontiert werden. Ist das die Realität?

Natürlich werden Sie in Ihrem Verkäuferleben auch Situationen erleben, in denen es wirklich kritisch wird und Sie sich einem Kunden gegenübersehen, der unfair agiert oder sogar beleidigend wird. Diese Situationen bleiben Ihnen zwar lange Zeit im Kopf, sind jedoch aus unserer Sicht eher selten. Unsere Erfahrungen aus den verschiedenen Branchen in denen wir unterwegs sind, in Verbindung mit der Teilnahme an kniffeligen Verhandlungssituationen, in denen sich zum Teil ganze Teams gegenübersitzen, lassen sich wie folgt zusammenfassen: Es gibt keine unendliche Vielzahl von Einwänden und häufig auch keine völlig überraschenden. Die Einwände wiederholen sich in feinster Manier wie folgt:

- „Das ist zu teuer."
- „Dafür haben wir aktuell keinen Regal- und Lagerplatz."
- „Unsere Kunden fragen nicht danach."
- „Ich habe gerade keine Zeit, um mich mit diesem Thema zu beschäftigen. Schicken Sie mir erst einmal Unterlagen. Wir melden uns wieder."
- „Wir haben keinen Bedarf."
- „Wir haben seit Jahren einen guten Partner für dieses Produkt."
- „Sie haben keine besonders starke Marke."
- „Wir kommen auch ohne Ihre Produkte aus."

Bitte ergänzen Sie diese Liste mit Einwänden, auf die Sie persönlich in Ihrer täglichen Praxis treffen.

Wir sind uns fast sicher, dass auch Sie, liebe Leserin und lieber Leser nach den ersten schnell in den Sinn kommenden Einwänden, es rasch schwieriger haben, wirklich „neue" Einwände zu finden und wollen mit folgenden Fragen tiefer eintauchen: Wie ist Ihre bisherige Vorgehensweise, wenn diese Einwände ausgesprochen sind? Wie gehen Sie damit um?

Zunächst ist eine Reflexion der Situationen lohnenswert, die es zu vermeiden gilt. Wir möchten dazu einige No-Go-Varianten beschreiben:

Beispiel 1: Neue Argumente
Wenn der Einwand gefallen ist, reagieren manche Verkäufer mit einer Art von emotionalem Reflex, zählen neue Argumente auf (die nichts mit dem Einwand zu tun haben) und feuern damit sozusagen die nächste kontraproduktive Salve an Rechtfertigungen ab: „Unser Produkt kann außerdem noch die Quadratur des Kreises sicherstellen und hat darüber hinaus noch folgende weitere Vorteile …" Diese Vorgehensweise dokumentiert aus unserer Sicht ein fehlendes Maß an **Resonanz**. Eine Steigerung erfolgt durch das folgende sprachliche Mittel:

Beispiel 2: Die „Ja, aber …"-Gegenargumentation
Eine menschlich nachvollziehbare aber wenig professionelle Reaktion könnte wie folgt aussehen: „Ja, aber das trifft für mein Produkt nicht zu, daher erkläre ich es Ihnen noch einmal."

Der Kunde könnte diese Aussage jedoch wie folgt umdeuten: „Hallo lieber Kunde, haben Sie es (immer) noch nicht verstanden?" Der Verkäufer bemerkt dabei womöglich nicht, dass er auf die Seite des (Kunden-)Besiegens gerutscht ist und somit einen Weg einschlägt, der nicht zielführend ist.

Diese bisherigen Beispiele konnten aufzeigen, welche Reaktionen auf Einwände wenig erfolgversprechend sind. Welche Ideen haben Sie im Hinblick auf eine bessere Lösung?

Ein Einwand des Kunden ist eine gute Gelegenheit, tiefer ins Gespräch zu kommen, sobald Sie diese Chance also solche erkennen. Denn der Kunde redet mit mir. Hätte er kein Interesse, würde er sich die Mühe von Einwänden vermutlich nicht machen. Idealerweise will er mir etwas mittteilen, das möglicherweise ein Stück weit hinter dem eigentlichen Einwand verborgen liegt.

Wenn ich diese versteckte Botschaft erkenne, weiß ich mehr darüber, um was es dem Kunden wirklich geht. Den Menschen zu respektieren und verstehen zu wollen bzw. zu können – das ist die eigentliche Leistung. An dieser Stelle wiederholen wir bewusst den Vergleich zwischen Produktkauf im Internet und Verkaufsgespräch aus der **Bedarfsanalyse**. Auch bei der **Einwandbehandlung** kann sich der Verkäufer gegenüber einem Onlineshop sehr positiv abgrenzen.

Diese grundsätzlichen Überlegungen führen uns nun zu unserem Lösungsvorschlag beim Umgang mit Einwänden, den wir als eine Art Formel darstellen wollen:

1. Taktvolles Unterbrechen

2. „Herr/Frau Kunde, ich verstehe Ihren Einwand/Ihre Bedenken"

3. Klärung des Einwands/ Lösung des Problems

Schritt 1   Den Namen des Kunden zu nennen, ist „taktvolles Unterbrechen".

Diese freundliche Art der Gesprächsunterbrechung ist ein hochwirksames Mittel, das wir bereits im Instrument der Terminvereinbarung genutzt haben. Durch die Nennung des Kundennamens unterbrechen Sie hier nicht nur seinen Redefluss, sondern auch seinen negativen Gedankenfluss, der möglicherweise gerade auf der unterbewussten Ebene aktiv ist. Und das tun Sie auf eine höfliche und wertschätzende Art und Weise.

Schauen Sie sich dazu gerne die bekannten TV-Talkshows an. Dort sitzen häufig die gleichen Personen und diskutieren ein Thema. Wie wird der redeführende Gast nun grundsätzlich von seinen Kontrahenten unterbrochen?

Durch die Nennung seines Namens, denn es gibt vermutlich keine wirkungsvollere Variante. War das auch Ihre Antwort?

Schritt 2 Den „Ja-aber-Fehler" hatten wir bereits erwähnt. Statt dieser Vorgehensweise empfehlen wir Ihnen unsere Formel und eine bestimmte Reihenfolge.

Der Kunde hat menschlich nachvollziehbare Einwände, die zum Beispiel aus hintergründigen Emotionen entstehen. Diese Empfindung oder

Aufregung „versteckt sich" hinter den vorgebrachten Einwänden. Wir möchten dafür einige Beispiele nennen:

* „Das kauft hier keiner."
* „Wir brauchen keine Beratung, das bringt uns nichts."
* „Das macht uns ja abhängig von Ihrer Software!"

Bitte beantworten Sie die folgende Frage für sich: Was ist wahrscheinlich die „Befürchtung", die Sorge, also die Emotion hinter jedem dieser Einwände?

Nach unserer Erfahrung ist der Einwand häufig kein Sachzusammenhang, sondern eine Art unterbewusster „Film", der beim Kunden abläuft.

Der Grundsatz in der **Einwandbehandlung** lautet daher: Kümmern Sie sich erst um den Menschen, und suchen Sie dann nach einer Lösung. Der Kunde sendet auf der unterbewussten Ebene. Sie müssen hier noch nicht über Lösung(en) reden, denn es wäre einerseits die falsche Ebene und würde uns andererseits mit hoher Wahrscheinlichkeit nicht weiterbringen.

Stattdessen geht es nun darum, dem Kunden auf der unterbewussten Ebene eine **emotionale Sicherheit** zu geben. Gerade weil Sie etwas von Ihrem Kunden wollen, sollten Sie ihn auch als Persönlichkeit respektieren und sprachlich wertschätzen, selbst wenn Sie zu seinem Einwand eine komplett konträre Meinung haben.

Aus unserer Sicht haben sich beispielsweise folgende Aussagen bewährt:

„Ich respektiere Ihren Einwand."
„Ich verstehe Ihren Ärger."
„Ich finde es gut, dass Sie Ihre Einwände deutlich machen."

So signalisieren Sie dem Kunden nicht nur Ihre Wertschätzung, sondern vermitteln ihm auch, dass Sie seinen Einwand ernst nehmen. Das ist die emotionale Grundlage, damit der Kunde eine Lösung von Ihrer Seite akzeptiert.

Schritt 3 Erst jetzt kümmern Sie sich um eine Lösung für das „Problem" Ihres Kunden.

Wir möchten an dieser Stelle die Ablehnung der „Ja-aber-Variante" weiter vertiefen: Es ist die Einleitung eines Vergleichs mit den Bildern des Verkäufers, der so kontert. Es ist mehr als ein Nein und stellt die Person des Kunden versteckt infrage.

Lassen Sie uns eine Situation mit dem Gespräch über den letzten Urlaub durchspielen: Zwei Personen treffen sich nach zwei Urlaubswochen. Die eine war in Spanien, die andere in Österreich. Der Erstgenannte beginnt zu erzählen, wie schön es im Urlaub war und will gerade Wetter und Strand beschreiben … Weit kommt er nicht. Denn er wird von der anderen Person schnell mit den Worten unterbrochen: „Ja, aber bei mir in Österreich, da war es …"

Machen Sie sich bitte Ihre Gedanken dazu. Was signalisiert der Österreich-Urlauber auf der unterbewussten Ebene?

Er signalisiert, dass er kein Interesse am Spanien-Urlaub der anderen Person hat und ein Stück weit, dass er kein Interesse an der anderen Person hat. Zu allem Überfluss erzählt der Österreich-Urlauber völlig ungefragt, was er erlebt hat.

Unser Lösungsvorschlag sieht wie folgt aus: Streichen Sie „aber" aus Ihrem Wortschatz – zumindest im Instrument der **Einwandbehandlung** und ersetzen Sie das Wort als gedankliche Eselsbrücke durch ein „und".

Die Wirkung unterscheidet sich deutlich und lässt sich mit einem Beispielsatz aufzeigen:

„Liebe Frau Kundin, ich respektiere Ihren Einwand **und** kann Ihnen versichern …"

Diese Reihenfolge ist das Rezept für wirkungsvolle **Einwandbehandlungen**. Zuerst sprechen Sie mit Ihrer persönlichen **Resonanz** die „Herzseite" des Kunden an, also die emotionale Ebene. Erst dann folgt auf der sachlichen Ebene eine Klärung des Einwands oder des Sachverhalts. Es geht also nicht darum, „recht" zu haben, sondern zu reflektieren und den Kunden zu respektieren bzw. wertzuschätzen.

Wir laden Sie nun ein, diese „Formel" mit tatsächlichen Einwänden aus der Praxis zu trainieren. Dazu hilft uns ein Vorgriff auf den zweiten Teil des Buches **Sales Excellence**. Carsten Leineweber hat als Vertriebsleiter bei der Deutschen Post/DHL in diesem Zusammenhang seine Vertriebsmannschaft gebeten, übliche Einwände aus der Praxis aufzuschreiben. Aus dieser Liste haben wir drei Beispiele ausgewählt, die Sie zu Übungszwecken bearbeiten können:

- „Das Call Center ist bei Problemen nie erreichbar."
- „Die Dokumentation von Schäden ist zu aufwändig."
- „Meine Verpackung wird bei Schaden in Frage gestellt."

Abschließend bitten wir Sie darum, die spezifischen Einwände zu notieren, die Sie in Ihrer täglichen Praxis erleben, um dann entlang dieser Einwände Ihre Schlagfertigkeit zu trainieren.

Unser Special 1: Der vorhersehbare Einwand
Die von Carsten Leineweber und seinem Team genannten Einwände sind aus unserer Sicht vorhersehbar. Kein einzelner Einwand ist dabei wirklich überraschend, alle sind quasi latent vorhanden.

„Technisch" gesehen ist der vorhersehbare Einwand genauso zu behandeln wie eine Reklamation. Ein Kunde hat Ihnen zum Beispiel auf die Mailbox gesprochen und im Detail geschildert, was nicht funktioniert und welches schadhafte Produkt ausgeliefert wurde. In diesem Szenario ist der große Vorteil für Sie als Verkäufer, dass Sie eine Vorbereitungszeit haben, in der Sie trotzdem die Regel im Instrument der **Einwandbehandlung** berücksichtigen können: Erst um den Menschen kümmern und dann nach einer Lösung suchen.

Wie könnten Sie sich positiv um diesen Kunden kümmern? Unsere Antwort lautet: Indem Sie nutzen, dass der Kunde scheinbar eine hohe Bereitschaft hat, sich mit dem Problem im Detail auseinandersetzen zu wollen. Wie würden Sie also vorgehen?

Die Idee ist unter dem Begriff **persönliche Aufwertung** zu subsumieren und lässt sich mit folgenden zwei Beispielen darstellen:

„Lieber Herr Kunde, ich finde es sehr wichtig und richtig, dass Sie mir Ihre Bedenken/kritischen Bemerkungen/Ärgernisse direkt und ohne Umweg mitteilen!"

„Lieber Herr Kunde, ich schätze Sie dafür, dass Sie sofort die Dinge auf den Tisch legen, die Sie geärgert haben!"

Die Verständnisquittung soll also für den Fall der Vorhersehbarkeit oder der Reklamation etwas größer ausfallen und die Luft rausnehmen!

Unser Special 2: Der Umgang mit „Zu-teuer-Einwänden"

Übersicht

„Es gibt kaum etwas auf dieser Welt, das nicht Jemand ein wenig schlechter machen kann und etwas billiger verkaufen könnte, und die Menschen, die sich nur am Preis orientieren, werden die gerechte Beute solcher Menschen.

Es ist unklug, zu viel zu bezahlen, aber es ist noch schlechter, zu wenig zu bezahlen. Wenn Sie zu viel bezahlen, verlieren Sie etwas Geld, das ist alles. Wenn Sie dagegen zu wenig bezahlen, verlieren Sie manchmal alles, da der gekaufte Gegenstand die ihm zugedachte Aufgabe nicht erfüllen kann.

Das Gesetz der Wirtschaft verbietet es, für wenig Geld viel Wert zu erhalten. Nehmen Sie das niedrigste Angebot an, müssen Sie für das Risiko, das Sie eingehen, etwas hinzurechnen. Und wenn Sie das tun, dann haben Sie auch genug Geld, um für etwas Besseres zu bezahlen."

Dieses Zitat wird John Ruskin (* 1819, † 1900), einem englischen Schriftsteller, Maler, Kunsthistoriker und Sozialphilosoph zugeschrieben. Unabhängig davon, dass es auch Zweifel an der Herkunft des Zitats gibt (siehe Landow, 2007) haben wir es bewusst an den Anfang dieses Specials gesetzt, weil es präzise das kleine mentale Universum wiedergibt, das den „Zu-teuer-Einwänden" zugrundeliegt.

Ist es nicht so, dass viele Verkäufer an dem Punkt, an dem der Kunde den **Preis** anspricht, nervös reagieren? Und im Ergebnis stellen sie dann häufig ohne Not Rabatte in Aussicht oder tun kund, nochmals mit dem Vorgesetzten zu sprechen, um zu klären, ob da noch was zu machen ist. Wie würden Sie darauf als Kunde reagieren?

Im Grunde genommen, ist der jeweilige „Zu-teuer-Einwand" also vorhersehbar. Ihnen sitzt schließlich ein Kaufmann gegenüber. Warum sollten sie also nicht verhandeln wollen?

Mit einem **Trigger**, also einem auslösenden Impuls, können Sie die „Zu teuer-Diskussion" steuern. Obwohl Sie damit rechnen können, dass der Einwand vom Kunden aufgerufen wird, können Sie den Trigger vorbereiten und auf Ihrer Gesprächsvorbereitung notieren. Das stellt sicher, dass Sie ihn dann auch wirklich einsetzen.

In der Folge stellen wir Ihnen fünf mögliche (von vielen weiteren) Triggern vor, die in der Praxis bereits sehr gut funktioniert haben. Damit er funktioniert, sollte ein Trigger auf dem Grundsatz basieren, dass Ihr Preis eine **Ansage** ist und keine erste vage Auskunft, die man gerne diskutieren kann.

Der Vorteil an dieser Situation ist, dass Sie keine große Auswahl an unterschiedlichen Trigger einsetzen und kombinieren müssen. Vielmehr funktioniert häufig genau der Satz optimal, der Ihnen einfach und authentisch über die Lippen kommt. „Bauen" Sie also durchaus Ihren persönlichen Trigger zusammen.

Trigger 1: Gerade weil

Sie haben bereits vorab in der **Bedarfsanalyse** die wichtigsten Punkte des Kunden räsoniert („Lieber Herr Kunde, Ihnen ist ja ganz besonders wichtig, dass …") und hoffentlich auch die wichtigsten Punkte notiert. Darauf greifen Sie jetzt zurück und setzen vor diese kurze Zusammenfassung der zentralen Punkte des Kunden die Worte: „Gerade weil". Damit benutzen Sie den Wortlaut des Kunden und verstärken seine Aussage erneut.

Versuchen Sie es bitte selbst, mit dem Blick auf Ihre tägliche Praxis.

Ein weiteres Beispiel kann wie folgt aussehen:

„Lieber Herr Kunde, gerade weil Ihnen die Regionalität so wichtig ist, stellen Sie mit unserem Produkt sicher, dass …"

Trigger 2: Teuer-und-billig-Auftakt mit „Short Story"
Dieser Trigger arbeitet bewusst mit den Begriffen teuer und billig. Mit der Absicht, diese beiden Worte quasi gegeneinander auszuspielen, um damit bereits in der Einleitung eine relativierende Wirkung **vor** der Nennung des eigentlichen Sachzusammenhanges zu erzielen.

„Lieber Herr Kunde, nichts ist teurer als eine billige Lösung.
Stellen Sie sich vor, eine billige Softwarelösung führt ständig zu Produktionsausfällen."

Bitte trainieren Sie jetzt eine Variante aus Ihrer Verkaufspraxis.

Trigger 3: Qualität ansprechen
Betonen Sie Ihren Punkt aus der **Nutzenargumentation** erneut und verstärken diesen mit einer offenen Frage:

> „Lieber Herr Kunde, deswegen kommt es darauf an, dass die Trainingsqualität für Ihre Mitarbeiter sehr hoch ist. Und genau diese Sicherheit der Trainingsqualität bekommen Sie von uns.
> Wie wichtig ist Ihnen dieser Qualitätsaspekt bei der Vergabe des Auftrages?"

Welche Qualitätsvariante würde zu Ihrem Produkt oder zu Ihrer Dienstleistung passen?

Trigger 4: Auf die Ziele des Kunden fokussieren
„Das ist der Preis, der sicherstellt, dass Ihr Ziel,
   die Marktführerschaft im Bereich xy, realisiert werden kann."

Trigger 5: Den Ball zurückspielen
Dieser Trigger kann seine Wirkung insbesondere dann entfalten, wenn
die Situation nicht ganz klar ist, oder Sie die Vermutung haben, dass der
Kunde keinen Einwand formuliert, sondern einen Vorwand konstruiert,
um einen möglichen Verhandlungsvorteil zu erzielen. Dieser „Zu-teuer-
Vorwand" ist oft daran zu erkennen, dass er geradezu wie aus der Pistole
geschossen kommt, oder auswendig gelernt erscheint. In diesem Fall sollten Sie den Ball auf das Feld des Kunden zurückspielen mit einfachen
Worten: „Zu teuer – im Vergleich zu was?"

Damit ist jetzt wieder der Kunde am Zuge, denn Sie haben ihm eine
Frage gestellt. Er wird das Thema jetzt üblicherweise spezifizieren. Und
Sie können erneut darauf eingehen (oder einen der zuvor angebotenen
Trigger wirken lassen). Oder er wird ausweichend reagieren, vielleicht
sogar etwas unsicher. Das kann für Sie der Startschuss sein, nun sachlich
und ruhig in den konkreten Verbleib zu gehen.

Die Erfolgspunkte in Kurzform:

(1) Lassen Sie den Kunden ausreden.
(2) Durchbrechen Sie die Negativkette durch Nennung seines Namens.
(3) Streichen Sie „ja, aber" aus Ihrem Wortschatz, setzen Sie „und" ein.
(4) Die **Einwandbehandlung** ist auch eine Reihenfolge: Setzen Sie erst
     Ihre Form der Verständnisquittung ein und präsentieren Sie danach
     Ihre Lösungen

2.9   Der konkrete Verbleib

Unser Verkaufsgespräch nähert sich nun einem hoffentlich positiven Abschluss. Welche letzten Schritte sind noch notwendig?

Denken Sie bitte nochmals an unsere Idee der **Positivkette**. Diese macht das Verkaufsgespräch messbar. Je mehr eindeutig positive Punkte Sie im Verkaufsgespräch bis jetzt gesammelt haben, desto sicherer ist Ihnen der Verkaufserfolg. Ihre innere Checkliste hat im Idealfall bereits folgende „Scorerpunkte" addiert:

Top Vorbereitung -> sauber das Gespräch eröffnet -> mit dem zentralen Instrument der **Bedarfsanalyse** für den Kunden interessiert -> bei der **Nutzenargumentation** die Wunschpunkte des Kunden in Ihre **Resonanz** genommen -> Einwände reflektiert.

Jetzt können Sie dem Gespräch noch einen Kick geben. Da Sie die „Wunschpunkte" bzw. Ziele des Kunden in Ihrer Mitschrift notiert haben, können Sie diese jetzt wie folgt nutzen:

Option 1: Kurzzusammenfassung
Die wichtigsten maximal zwei Punkte rufen Sie nun erneut auf und packen zusätzlich die Nutzenpunkte oder Hauptargumente Ihrer Lösung dazu.

„Lieber Herr Kunde Ihr Ziel/Ihre Problemstellung ist es ja, dass …
Wir haben gesehen, dass hier unser Produkt xy die optimale Lösung darstellt,
insbesondere durch die Eigenschaft …"

Option 2: Sicherheit

Wir hatten wiederholt festgestellt, dass sich „auf der anderen Seite" ein Mensch mit seinen Emotionen befindet. An dieser Stelle gilt es jetzt, diese unterbewusste Ebene anzusprechen und dem Kunden auch eine **emotionale Sicherheit** zu vermitteln.

„Sehr geehrter Herr Kunde, Sie können sicher sein/Sie können sich zu 100 % darauf verlassen, dass Sie mit diesem Produkt die Wirkung am Markt erzielen, die Ihnen (und Ihren Kunden/Vorgesetzten/Mitarbeitern) wichtig ist!"

Option 3: Verstärkung

Das positive Ende der Argumentation können Sie mit einem Abschlussverstärker garnieren. Wie empfehlen eine Eröffnung mit den Wörtern: wenn oder damit.

„Lieber Herr Kunde, **wenn** Sie mir heute bereits das „Go" geben, kann ich noch vor dem Monatsende sicherstellen, dass …"

„Sehr geehrter Herr Kunde, **damit** Ihre Ziele auch innerhalb der Timings erreicht werden können, kann ich bei einem raschen positiven Entscheid zugunsten unseres Angebots, bereits die ersten notwendigen Schritte veranlassen."

Nach diesem Kick fehlt nun nur noch die Abschlussaufforderung bzw. der konkrete Verbleib. Inhaltlich ist jetzt alles gesagt. Bitte vermeiden Sie nun Redundanz und sprachliche Schleifen, sondern kommen Sie zu einem professionellen Ende.

Wie gefällt Ihnen folgender Abschluss?

„Dann fehlt mir noch Ihr Go/Ihre Unterschrift … bis … Dann kann ich das Angebot so wie besprochen bestätigen."

Die Erfolgspunkte in Kurzform:

(1) Fassen Sie die kundenrelevanten Nutzenpunkte kurz und knapp zusammen.
(2) Nutzen Sie Abschlussverstärker („Wenn Sie mir heute schon grünes Licht geben, kann ich Ihnen bereits …")
(3) Geben Sie dem Kunden emotionale Sicherheit („Sie können sicher sein, dass Ihr Wunsch …")
(4) Trauen Sie sich, die konkrete Abschlussaufforderung zu bringen („Dann fehlt mir noch Ihre Unterschrift unter dem Angebot")

2.10 Added Value Opening

Top-Verkäufer werden neben der beschriebenen **Nutzenargumentation** auch stets daran denken, neue bzw. zusätzliche Bedarfe zu entwickeln. Es geht darum, Trends zu erkennen, kommende Veränderungen zu antizipieren und diese für den Kunden interessant zu machen. In diesem Abschnitt wollen wir diesen professionellen **Impuls** bearbeiten, mit dem der Verkäufer Mehrwert erzeugen will. Daher auch im Titel dieses Instruments der Begriff „Opening". Denn eben dieser Impuls, also die gedankliche Eröffnung eines neuen Themas, Trends oder Produkts, soll proaktiv vom Verkäufer ausgehen.

Der Verkäufer sollte also danach streben, dem Kunden frühzeitig ein derartiges Thema in den „gedanklichen Rucksack" zu legen, damit es sich dann in der Folge (von Wochen und Monaten) im (gedanklichen) Umfeld des Kunden entwickelt und somit zum (eigenen) Thema des Kunden wird.

Weil dieser Impuls einen gedanklichen Prozess lediglich anstoßen soll, ist es zudem nicht nötig, tiefe kognitive Argumentationen vorzubereiten.

Und damit passt diese Vorgehensweise gut (und auch nur fallweise) in den Ablauf des **strukturierten Verkaufsgesprächs**.

Der Impuls basiert auf der Idee des Storytellings. Der **Added Value**, der zukünftig zu erwartende Mehrwert, soll also nicht „verargumentiert" werden, sondern als Story in die Gedankenwelt des Kunden einziehen. Diese Story macht den Unterschied. Die Essenz jeder Geschichte ist als Botschaft bedeutend. Ihr Kunde weiß idealerweise danach etwas für sein Geschäft Bedeutendes, was er vorher nicht wusste. Und jede Story kann ein äußerst effizienter Informationsspeicher sein.

Bitte werfen Sie einen Blick auf den Trigger Pool in Abb. 2.2, also Speicher möglicher Impulse, aus denen Sie eine lohnende Story ableiten können, selbstverständlich ohne den Anspruch auf Vollständigkeit.

Die Botschaft einer Story ist leicht zu absorbieren, also aufzunehmen, ohne großen Energieeinsatz und leicht zu resorbieren, d. h. in die eigene Gedankenwelt zu integrieren. Es ist unser Ziel, die aufgenommene Botschaft zur eigenen Idee, zum eigenen Thema des Kunden zu machen.

Um mit einem anderen Bild zu sprechen: Es geht darum, fruchtbare Samenkörner auf dem Acker des Kunden zu hinterlassen, die dann für den Kunden erkennbar aufgehen und neue Möglichkeiten für kommendes Geschäft eröffnen.

In zahlreichen **Sales Excellences** in Buchteil II finden Sie Beispiele für die Möglichkeit von **Added Value Opening**. Vorab möchten wir Ihnen schon zwei Beispiele daraus nennen:

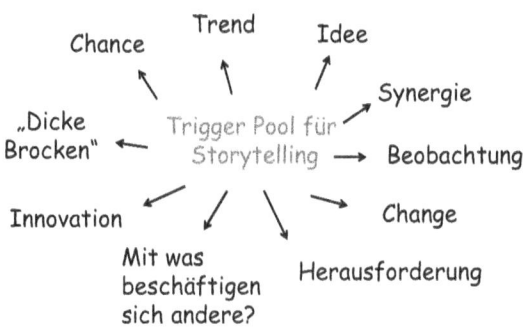

Abb. 2.2 Trigger Pool für Storytelling

Beispiel 1 Wenn der Privatkundenbetreuer im Bankhaus heute schon weiß, dass Strafzinsen auf größere Geldbeträge erhoben werden (können), dann lässt er dies den Kunden in einem Verkaufsgespräch wissen, dessen eigentliches Schwerpunktthema aktuell noch nichts damit zu tun hat. Und der Berater muss noch nicht so weit gehen und bereits argumentieren, dass er auch dafür möglicherweise schon eine Lösung hat. Er kann in Ruhe abwarten, bis der Kunde mit der eigenen Idee kommt, auf sein Geld keine Strafzinsen zahlen zu wollen und eine Lösung für sein Problem anfragt.

Beispiel 2 Wenn in der gut geführten Weinhandlung klar ist, dass Spitzenweine aus einer bisher nicht abgedeckten Region zukünftig in das Sortiment aufgenommen werden, dann wird der Top-Verkäufer seine Kunden darauf hinweisen, dass es dazu zeitnah ein spannendes You-Tube-Video geben wird. Im darauffolgenden Verkaufsgespräch wird der Verkäufer sich erkundigen, inwieweit das Video auf fruchtbaren Boden gefallen ist.

Welches **Added Value Opening** fällt Ihnen für Ihren Bereich ein?

Wir möchten nun die Umsetzung des professionellen **Added Value Opening** aufbohren. Gehen wir dazu gedanklich eine Situation durch: Sie haben gerade ein professionelles Verkaufsgespräch geführt und die notwendigen Instrumente im Sinne einer **Positivkette** wirken lassen.

Der Kunde ist begeistert, Sie sind ebenfalls mit dem Verlauf und dem Erfolg Ihres **strukturierten Verkaufsgesprächs** zufrieden. Sie sollten nun vermeiden, Ihre professionelle Wirkung in einer unbedachten Art und Weise zu gefährden.

Der Begriff „added" beschreibt, dass es darum geht, etwas hinzufügen, etwas zusätzlich zu tun. Dieser Zusatz ist dann geeignet, wenn er in den roten Faden der gesamten Gesprächsführung passt, sollte also ganzheitlich gesehen werden, und stellt idealerweise einen weiteren Punkt der **Positivkette** Ihres Verkaufsgesprächs dar.

Wir möchten nun exemplarisch eine „Go-/No-Go-Kette" aufbauen. Ein No-Go bedeutet automatisch, dass Sie auf ein **Added Value Opening** verzichten:

Schritt 1: Vorentscheidung

Passt das angedachte Thema in das geplante Verkaufsgespräch? -> Go-/No-Go. Bei einem Go wird die Positivkette mit dem nächsten Schritt fortgesetzt:

Schritt 2: Reminder

Die weitere Umsetzung basiert auf Ihrer Vorbereitung. Dort sollte der thematische Mehrwert im Vorfeld bereits notiert worden sein. Warum? Weil das Zeitfenster sehr begrenzt ist, da es an das eigentliche Verkaufsgespräch angehängt wird. Es ist also wichtig, das Mehrwertthema in konkreten, knappen Worten anzusprechen, basierend auf Ihren Stichworten aus der „Reminder-Vorbereitung". Dazu ist es ausreichend, Stichworte mit einem erklärenden Halbsatz zu notieren. Dann wird die Vorbereitung Teil Ihres Drehbuchs für das **strukturierte Verkaufsgespräch**. Ausführliche Erläuterungen dazu finden Sie in den Abschn. 2.2. bis 2.4.

Ein weiterer Vorteil bei der Arbeit mit Mehrwert ist, dass Sie den Einsatz situativ entscheiden können, je nach Verlauf und Wirkung des Verkaufsgesprächs (siehe auch Schritt 4 „Heiße Phase Entscheidung").

Schritt 3: Vorbereitete Nutzenargumentation überprüfen

Der Verkäufer ist nun im übertragenen Sinne gefordert, seine grundsätzliche **Nutzenargumentation** aufzuräumen, also Platz zu schaffen, um das neue Mehrwertthema in den Verkaufsprozess aufzunehmen. Prüfen Sie daher als Verkäufer bitte, ob Sie aus Ihrer **Nutzenargumentation** mit 2+1 Argumenten ein Standardargument streichen können. Sonst besteht die Gefahr, dass Sie das Verkaufsgespräch zeitlich überfrachten, auch wenn das zusätzliche Thema noch so lohnend erscheint.

Schritt 4: Vorbereitung einer persönlichen Aufwertung
Diesen Schritt beschreiben wir mit folgender Aussage als Beispiel:

> „Sehr geehrter Herr Kunde, ich schätze die vertrauensvollen Gespräche mit Ihnen sehr, daher möchte ich zum Schluss Ihre Aufmerksamkeit auf einen neuen, aus meiner Sicht positiven Trend legen. Es geht um folgendes Thema … Mich würde es freuen, wenn Sie dieses Thema gedanklich mitnehmen …"

Für die weitere gedankliche Vorbereitung der Story werden wir Ihnen Hinweise im Abschnitt **How to tell a story?** geben.

Schritt 5: Heiße Phase Entscheidung
Natürlich können Sie für die finale Entscheidung ein Stück weit Ihr Bauchgefühl zu Rate ziehen. Das ist naturgemäß sehr subjektiv. Ob der Kunde die gleiche (gute) Stimmung wahrgenommen hat wie Sie, ist nicht immer eindeutig. Daher raten wir Ihnen, auf folgende Indizien zu achten:

Hinweis 1 Schauen Sie bitte auf Ihre Uhr. Ist das Gespräch deutlich länger als von beiden Seiten geplant oder üblich? Dann entscheiden Sie ein „No-Go". Die Belastungsgrenze, d. h. das maximale Zuhörpotenzial Ihres Kunden ist erreicht, und Sie sollten diese rote Linie nicht überschreiten.

Hinweis 2 Prüfen Sie bitte Ihre Mitschrift. Wenn Sie erkennen, dass der Umfang Ihrer Mitschriften bereits viele wichtige Themen, Details oder Originaltöne des Kunden aus dem Gespräch enthält, dann sind Sie möglicherweise bereits an einer inhaltlichen Belastungsgrenze.

Das Thema aus dem **Added Value Opening** soll gerade nicht aus dem Tagesgeschäft kommen bzw. nicht auf der Agenda der nächsten Wochen stehen. Sie wollen schließlich mit diesem Kunden noch in Monaten und Jahren im Geschäft bleiben und wichtige Themen gemeinsam bearbeiten

How to tell a story?
Für den Fall, dass Sie ein Thema identifiziert haben, sich jedoch noch schwertun, eine geeignete Story darum zu bauen, dann finden Sie hier einige Hilfestellungen:

Tipp 1: Verschiedene Erzählperspektiven
Als **Außenstehender** erzählen Sie die Story so, als würden Sie das Geschehen mit einer Kamera von einem übergeordneten Standpunkt aus verfolgen (Außenperspektive). Sie können in handelnde Personen hineinschauen, wissen alles über sie und erzählen, was sie denken und fühlen.

Der **neutrale Berichterstatter** beschreibt als Erzähler, was äußerlich wahrnehmbar ist. Er schildert, wie die Personen handeln, ohne das Geschehen zu kommentieren oder zu werten. Im Gegensatz zum außenstehenden Erzähler weiß die personale Erzählerin nicht alles.

Tipp 2: Widerstandslose Sprache
Wir empfehlen Ihnen folgende sprachlichen Stilmittel: Verwenden Sie kurze, einfache Sätze, tauschen Sie Hauptwörter gegen Verben und vermeiden Sie unverständliche Abkürzungen bzw. abgehobene Marketing-Schlagworte.

Tipp 3: Erfolgreiche Vorbilder zitieren
Können Sie sich vorstellen, in welche Richtung wir hier denken? Das folgende Beispiel soll Sie dabei unterstützen:

Stellen Sie sich vor, Sie sind als Verkäufer in der Lebensmittelbranche unterwegs und haben das große Glück, Eis zu verkaufen: Eis für die Kühltheke, Eis im Becher und Eis am Stiel. Der Sommer (und damit Ihre Hauptsaison) ist gerade vorbei. So richtig gut ist die Saison nicht gelaufen. Die Temperaturen kamen nicht in Schwung und der Verbraucher ist bewusster unterwegs und scheut mehr und mehr den hohen Zuckeranteil in vielen Eisprodukten. Ihre Produktentwicklung hat schon einige Ideen, wie die Sortimente in diesem Sinne zu verbessern sind, beispielsweise durch den Launch eines Proteineises. Ihnen als Verkäufer ist der beindruckende Markterfolg aufgefallen, den der neue Trend zu Proteinjoghurts gebracht hat und die Marge dieser Produkte ist zudem exorbitant hoch.

Sie wollen sich auf ein **strukturiertes Verkaufsgespräch** bei einem Ihrer besten Kunden vorbereiten. Was schlagen Sie vor: Wie legen Sie Ihm die passende Story in seinen gedanklichen Rucksack?

Hier eine mögliche Lösung:

„Sehr geehrter Herr Kunde, vielen Dank für das – wie immer – vertrauensvolle und zielorientierte Gespräch. Zum Schluss möchte Ich noch Ihre Aufmerksamkeit auf einen neuen und chancenreichen Trend legen. Die Tendenz zu zuckerärmeren Produkten hält ja nach wie vor an. Darauf aufbauend achtet der Verbraucher immer stärker auf proteinreiche Kost. Gerade auch bei Produkten im Kühlregal. Wer hätte noch vor einem Jahr gedacht, dass proteinreiche und zuckerreduzierte Joghurts einen solchen Hype auslösen. Unsere Produktentwicklung hat diesen Trend ebenfalls aufgegriffen. Mich würde es freuen, wenn Sie sich dieses Themas bereits einmal gedanklich annehmen. Bei unserem nächsten Gesprächstermin lade ich Sie dann gerne ein, gemeinsam mit Ihnen die ersten Produktmuster zu verkosten.“

Wir möchten diesen Abschnitt abschließen mit einem Hinweis zum gezielten und strategischen Einsteuern von **Added Value Opening** in eine Vertriebsorganisation. Hierzu sind die Führungskräfte gefordert. Es geht darum, den Mitarbeitenden dieses lohnende Instrument nicht nur grundsätzlich näher zu bringen, sondern bestenfalls als ständigen Punkt auf die Agenda zu bringen, der dann in Vertriebsmeetings latent aufgerufen werden kann. Damit kommt der Mitarbeiter aus seinem Einzelkämpferstatus heraus und das Team kann sich mit Best-Practice-Ideen als selbstlernende Organisation entwickeln. Und Führungskräfte stellen damit sicher, dass Sie den zentralen Aspekt des verkäuferischen Handelns, nämlich die Bedarfe und Bedürfnisse des Kunden in den Mittelpunkt der vertrieblichen Tätigkeiten zu stellen, auch organisatorisch implementiert haben.

Bedarfe und Bedürfnisse, Wahrnehmungen und Emotionen des Kunden als ständigen Fixpunkt und damit zentrale Aspekt in der persönlichen verkäuferischen Wirkung zu erkennen, muss für jeden Verkäufer grundsätzlich das Maß der Dinge sein. Diese Grundforderung beschreibt in der Folge das Leitbild des Customer Chairs.

3

Der Customer Chair

Bedarfe und Bedürfnisse, Wahrnehmungen und Emotionen des Kunden als ständige Fixpunkte und damit zentrale Aspekte in der persönlichen verkäuferischen Wirkung zu erkennen, muss für jeden Verkäufer immer das Maß der Dinge sein. Um dieser Grundanforderung gerecht zu werden, beschreibt dieses Kapitel neben den notwendigen persönlichen Einstellungen, vor allem wieder die Instrumente der Kommunikation, die zunächst verstanden und dann trainiert werden müssen, um in der verkäuferischen Praxis sicher und zum richtigen Zeitpunkt eingesetzt werden zu können.

Ist der Kunde noch immer König? Wir bevorzugen grundsätzlich das Bild der gemeinsamen Augenhöhe von Kunde und Verkäufer. Dabei hilft es, Verkaufsgespräche aus Sicht des Kunden zu betrachten, indem Sie sich auf seinen Stuhl setzen. Wir wollen in diesem Abschnitt folgende Kernaussage und Idee begründen:

> „Verkäufer müssen den Kunden auf dem Stuhl Platz nehmen lassen, der ihm gebührt!"

Gestatten Sie uns an dieser Stelle einen Hinweis: Sie werden in den folgenden Argumentationen und Beschreibungen auf den ersten Blick Wiederholungen (unter anderem) aus dem ersten Buchteil **Sales Toolbox** entdecken. Im Detail geht es uns jedoch vor allem um Verstärkungen von Methoden durch einen Perspektivwechsel.

3.1   Idee und Kernaussage

Kommen wir nun im Detail zu einer zentralen Begrifflichkeit in unserem Buch. Dieser **Customer Chair** wurde bereits an mehreren Stellen in den Instrumenten der **Sales Toolbox** aufgerufen. Diese zunächst abstrakt-bildhafte Idee, beschreibt die Analogie der notwendigen und ganzheitlichen Fokussierung auf den Kunden.

Die Kernaussage des **Customer Chairs** lautet wie folgt: Das **strukturierte Verkaufsgespräch** dreht sich immer um den Kunden, niemals um den Verkäufer. Es ist sein Terrain, wir als Verkäufer wollen Lösungen für seine Themen und Probleme erzeugen und wir wollen uns vor allem mit ihm als Menschen positiv auseinandersetzen. Also lassen wir den Kunden großzügig Platz nehmen.

Stellen Sie sich bitte Ihren Kunden in einem pompösen Stuhl sitzend vor. Dort spiegelt er uns zu jeder Zeit des Verkaufsgesprächs mit seinen fünf Sinnen, seiner Kommunikation und seinem Verhalten wider, ob wir ihn erreichen oder eben nicht. Er sitzt also in diesem Stuhl und wir haben die Chance, eine Wirkung zu erzeugen, die ihn begeistert. Und diese Wirkung erzeugen wir in erster Linie (hoffentlich) als Mensch und nicht (nur) durch unsere Produkte und Dienstleistungen.

Die Idee des Kundenstuhls ist dabei nicht neu. Der Gründer von Amazon, Jeff Bezos, machte sich ebenfalls die Idee des **Customer Chairs** zunutze und lässt in Meetings grundsätzlich einen Stuhl für den Kunden frei (siehe auch Förster & Kreuz, 2020). Damit werden alle Anwesenden daran erinnert, dass sich alle Beiträge und Präsentationen um den Kunden drehen sollen, der damit ständig als Bezugspunkt wahrnehmbar ist.

Unsere Kernaussage lautet wie folgt: Wir wollen Partner des Kunden sein.

Wenn das auch für Sie ein zentraler Punkt ist, dann setzen Sie sich bitte im Laufe Ihres Verkaufsgesprächs immer wieder selbst auf den **Customer Chair**. Wechseln Sie dabei gerne bewusst und geplant die Perspektive und nehmen Sie die Sicht des Kunden ein.

Diese Vorgehensweise wollen wir nun als Praxiskonzept vertiefen und erneut die Kriterien einer erfolgreichen Verkaufspersönlichkeit verknüpfen. Zu nennen sind hierzu die bekannten weichen Faktoren wie Engagement, Fleiß und Rückschlagresistenz. Hilfreich ist weiterhin eine allgemein positive Grundeinstellung. Dass Sie Ihr Thema mit Feuer und Flamme verkaufen, bekommt Ihr Kunde insbesondere durch die persönliche Wirkung mit, die Sie im Verkaufsgespräch entfalten. Wie können wir nun die Idee des **Customer Chairs** professionell operationalisieren und die notwendige empathische Kompetenz anwenden?

3.2   Die empathische Fähigkeit zur Resonanz

Welche persönlichen Kompetenzen, die für den Kunden in der Praxis des Verkaufsgesprächs erlebbar sind, sollte ein guter Verkäufer unabhängig von der jeweiligen Verkaufssituation abrufen können?

In Bildern gesprochen ist die **Resonanz** der Kitt zwischen den einzelnen Instrumenten und der Verbindungsstecker in die Gedankenwelt des Kunden. Zur weiteren Vertiefung werfen wir einen Blick in die Definitionen der Kernwörter in unserer Überschrift:

Die Bedeutung der **Resonanz** wird im Duden wie folgt beschrieben: „Das Mitschwingen oder -tönen eines Körpers in der Schwingung eines anderen Körpers". Eine Vertiefung des Begriffs findet sich bei Niklas Luhmann, der **Resonanz** als Fähigkeit eines Systems bezeichnet, auf Ereignisse zu reagieren (Luhmann & Baecker, 2017). Musikalisch gedacht, fällt zusätzlich der Begriff **Resonanzboden** bei Instrumenten ein, die Schwingungen verstärken. **Empathie** bedeutet „die Bereitschaft und Fähigkeit, sich in die Einstellungen und Vorstellungen anderer Menschen einzufühlen" (Duden, 2021).

Nun verbinden wir diese beiden Begriffe mit Blick auf das Verkaufsgespräch zur

Definition eines Top-Verkäufers:

> **Ein Top-Verkäufer ist der empathische Resonanzboden für seinen Kunden. Er schafft es, eine mentale und emotionale Verbindung zum Kunden herzustellen.**

Gehen wir nun einen Schritt weiter, dann lässt sich folgendes Credo formulieren: Es geht darum, mit den Augen des Kunden zu sehen, mit den Ohren des Kunden zu hören und mit dem Herzen des Kunden zu fühlen. Ein Ansatz, der sich auch in einem Zitat von Peter Drucker wiederfindet: „Marketing heißt, das ganze Geschäft mit den Augen des Kunden zu sehen" (Drucker, 2008).

Es geht also darum, dass am Ende Verkäufer und Kunde zu den Erzählern der gleichen Geschichte werden.

Wenn Sie also das nächste Mal ein Verkaufsgespräch führen und sich danach ehrlich hinterfragen, ob Sie als Verkäufer gerade „etwas gekonnt" haben, dann entkleiden Sie das Gespräch doch bitte einmal um alle Rahmenbedingungen: Das heißt, Marktlage, Preise, Ort des Gesprächs, Typ etc. sind unerheblich. Sie reduzieren somit folgende Fragestellung auf das Wesentliche: Waren Sie während des Verkaufsgesprächs mit Ihrem Kunden verbunden?

In der Strichzeichnung sehen Sie die beiden Pole des Steckers, die es gilt zusammenzuführen, damit die **Resonanz** möglichst reibungslos erzeugt werden kann. Analog dazu stellen Sie sich bitte die Kernfrage in jedem Verkaufsgespräch:

„Habe ich es geschafft, neben meinem mentalen sachlich-lösungsorientierten Pol auch meinen emotionalen Pol auf die Festplatte des Kunden zu legen, damit der Stecker auch richtig fest sitzt und **Resonanz** entsteht?"

Woran können Sie erkennen, ob es eine wirkliche, substanzielle Verbindung mit dem Kunden gegeben hat? Was ist das Geheimnis? Lassen Sie uns zum Einstieg in dieses komplexe Thema die Situation zwischen den handelnden Personen eines Verkaufsgesprächs näher betrachten:

Da sind Sie als „Selling Part". Sie sind von Ihren Produkten oder Dienstleistungen überzeugt. Sie haben eine Präsentation oder ein Produktmuster und einen Katalog an Argumenten am Start, den Sie ziel-sicher wissen anzuwenden.

Da ist Ihr Kunde als „Buying Part". Er hat Bedarfe, die er abdecken muss, damit sein Geschäft funktioniert und er seine Endkunden erfolg-reich ansprechen kann. Der Kunde ist Kauffrau oder Kaufmann und ach-tet auf die wirtschaftlichen Rahmenbedingungen.

Ohne bereits in Details zu gehen: Was fehlt in dieser ersten Be-trachtung?

Haben Sie es erkannt? Mit dieser Beschreibung könnten wir erneut die Funktionsweisen im Online-Shopping beschreiben. Diese Situation braucht keine persönlich miteinander kommunizierenden Menschen, sondern ein funktionierendes Internet. Zahlreiche Online-Shops sind erfolgreich in einem Bereich, in dem die Kaufentscheidungen der Kun-den tendenziell bereits gefallen sind.

Richtig ist ebenfalls, dass gelegentlich auch unvorbereitete und wenig emphatische Verkäufer etwas verkaufen. Beispielsweise weil die an-gebotenen Produkte oder Dienstleistungen bereits eine Nachfrage er-zeugen und sich von alleine verkaufen lassen. Auch in diesem Fall war die Kaufentscheidung bereits vorab gefallen.

Unser Buch beschäftigt sich mit Situationen, in denen der persönliche Kontakt die Kaufentscheidung herbeiführt und die Ebene zwischen den handelnden Personen die entscheidende Rolle einnimmt. Wie ist diese Erkenntnis in Verbindung mit der **Resonanz** nun in die Praxis umzusetzen?

Bevor **Resonanz** im **gesprochenen Wort** zu erkennen ist, finden die ersten Sekunden in Verkaufsgesprächen **ohne Worte** statt. Folglich möchten wir mit einigen Beispielen für diese wortlose Resoanz beginnen:

Beispiel Augenkontakt

In der vertrieblichen Welt gilt eine **sachliche Distanzzone** *die zwischen 1,50 und 3 Meter liegt und damit* nahe genug, um persönliche Nähe und Augenkontakt zu ermöglichen und weit genug, damit sich der Kunde nicht unangenehm bedrängt fühlen muss.

Beispiel Kleidung

Dieses Thema ist aus unserer Sicht so aktuell und relevant wie vor einigen Jahrzehnten, obwohl die Aussage „Kleider machen Leute" heute zu pauschal wirkt (vgl. Keller, 1993). Auch würde es den Rahmen dieses Buches sprengen, alle Facetten aufzugreifen. Wir bieten Ihnen daher folgende einfache Regel an: Bleiben Sie bitte authentisch und wählen Sie Ihre Kleidung so, dass Sie sich wohl fühlen. Zusätzlich sollten Sie sich die Frage stellen, ob Sie das Verkaufsgespräch durch Ihre Kleidung aufwerten wollen und können. Auch wenn Ihr Kunde nicht nach allen Regeln des Businesses gekleidet ist, dann sollte das für Sie noch kein Hinweis sein, es ihm gleichzutun.

Beispiel Etikette

Möglicherweise ist das Wort Etikette irreführend und wir sprechen über ein „spielregelkonformes Verhalten". Was meinen wir damit?

Wenn Sie ein Verkaufsgespräch mit Ihrem Kunden führen, passiert das normalerweise im „Kundenland". Es ist also sein Terrain, er ist der Gastgeber, wir sind der Gast. Und in unserem unterbewussten und sozialisierten Verhaltenscodex gebührt dem Gastgeber stets der formelle Auftakt im

Gespräch. Er gibt sozusagen die ersten Kommandos, er stellt die ersten Fragen:

> „Nehmen Sie bitte Platz. Bitte legen Sie Ihren Mantel ab. Darf es eine Tasse Kaffee sein?"

Sie können bereits in dieser Anfangsphase zahlreiche **non-verbale Botschaften** senden, die sehr hilfreich für den weiteren Gesprächsverlauf sein können. So haben wir bereits festgestellt, dass der Augenkontakt zum Kunden eine wichtige Rolle spielt. Das funktioniert besser, wenn die Augenpaare einen ungefähr gleichen Höhenstatus bzw. eine ungefähr gleiche Ebene haben. Also sollten wir uns erst setzen, wenn der Kunde sich gesetzt hat. Warten Sie in einem Besprechungsraum, dann empfehlen wir Ihnen, stehenzubleiben, damit beim Eintritt des Kunden die gleiche Ebene gesichert ist.

Diese gleiche Höhe greift den Gedanken auf, dass wir als Partner anerkannt und akzeptiert werden. Stellen Sie sich dazu bitte gedanklich vor, wie Sie sitzen bleiben und der Kunde an Sie herantritt und sich zu Ihnen herunterbeugen muss, um Ihnen die Hand zu geben. Das erscheint uns wie ein unterbewusstes Signal, dass hier gerade Ober auf Unter trifft und daher zu vermeiden ist.

Wir erreichen nun den zentralen Punkt, an dem das **gesprochene Wort** zählt. Dabei geht es um mehr als um die Forderung, dass der Verkäufer dem Kunden zuhören sollte. Das wäre zunächst noch sehr allgemein und oberflächlich. Der eigentliche **Kern der Sache**: Es geht um gemeinsames Wachstum; um eine Win-win-Situation. Die Voraussetzung dafür ist Ihre Fähigkeit zur **Resonanz**. Es geht darum, sich für den Kunden zu engagieren und Wachstum zu erzeugen – zum Nutzen des Kunden und selbstverständlich auch zum eigenen Nutzen. Doch wie operationalisieren wir diesen **Kern der Sache**?

Indem wir die Antworten des Kunden, die aufgrund der Verkäuferfragen entstehen, durch eine **Quittung** aufwerten.

Diesen aus unserer Sicht erfolgversprechenden Ansatz möchten wir mit folgender Frage an Sie übergeben: Wie lassen sich die Antworten Ihres Kunden quittieren?

Vermutlich sind Ihre Überlegungen vergleichbar mit folgender Lösungsoption:

„Herr Kunde, ganz besonders wichtig ist Ihnen ja, dass Ihre Produkte vor allem als regional erkannt werden, da Ihre gesamte Marketingkampagne auf diese Regionalität abzielt."

In der Annahme, dass Sie sich intensiv mit den Kundenbedürfnissen beschäftigt haben, wird die Antwort des Kunden mit hoher Wahrscheinlichkeit wie folgt lauten: „Genau!"

Das Beispiel hier ist natürlich vereinfacht. Es enthält jedoch bereits überspitzt formuliert den **Urknall**, der aus einem x-beliebigen Gespräch ein vertrauensvolles Verkaufsgespräch macht.

Unsere Thesen zu diesem **Urknall** lauten wie folgt:

- **These 1:** Die Worte des Kunden sind von zentraler Bedeutung, nicht die Interpretation der Worte durch Sie als Verkäufer.
- **These 2:** Mit eigenen Worten wiederholen, was der Kunde gesagt hat, sollte die zentrale Fähigkeit des Verkäufers sein.

Ihre Interpretation ist also eine latente Gefahr mit der Sie verhindern, den Stecker auf die gedankliche Festplatte des Kunden zu stecken. Philosophisch formuliert ist Interpretation kein **Customer Chair,** sondern der Schaukelstuhl der eigenen Gedankenwelt. Der **Urknall** als Metapher bezeichnet hier also den Zeitpunkt, an dem Sie es verinnerlicht haben und mit Interpretationen in Ihren Verkaufsgesprächen aufhören.

Vielleicht erinnern Sie sich noch daran, als Sie zum ersten Mal Zugang zum Internet hatten oder nach einem Umzug endlich wieder online waren. Etwas aufgeregt haben Sie das Gerät positioniert, den Strom eingeschaltet und dann fast feierlich auf „verbinden" geklickt. Und dann kam diese fantastische Rückmeldung: „Sie sind jetzt verbunden." Wir groß war Ihr Glücksgefühl?

Weiter aufbauend auf der zentralen Fähigkeit der **Resonanz,** möchten wir im Vorgriff auf das folgende Kapitel erneut die Notwendigkeit ansprechen, in einem Verkaufsgespräch mitzuschreiben. Das Mitschreiben von wichtigen Aussagen, im besten Falle von **Originaltönen,** ist essenziell und erfolgskritisch für den Verlauf des Gesprächs. Denn Sie wissen es bereits: Wie wollen Sie die Wunschpunkte durchgängig quittieren, wenn das Gespräch eine Stunde und länger dauert und Sie nichts mitgeschrieben haben? Bitte fragen Sie sich selbst: Haben Sie dann wirklich im Gedächtnis, was dem Kunden zum Anfang des Gesprächs wichtig war und jetzt immer noch genauso wichtig ist?

Unsere Empfehlung an Sie lautet: Trainieren Sie, keine ganzen Sätze zu schreiben. Ihre **Stichworte** individualisieren die Kunst der **Resonanz.** Sie sind die Basis für Ihre Fähigkeit, die Wunschpunkte des Kunden nach Bedarf mit eigenen Worten zu wiederholen. Ein gutes Stichwort versetzt Sie dann in die Lage, eine gesamte **Story** aus den Wunschpunkten des Kunden zu formulieren.

„Lieber Herr Kunde, Sie sagten ja zu Beginn des Gesprächs, dass es Ihnen besonders wichtig ist, dass Ihre …"

Wechseln Sie bitte gedanklich auf die Seite des Kunden. Wann haben Sie es zuletzt erlebt, dass ein Verkäufer Ihre Wunschpunkte aufgeschrieben hat und diese zusätzlich im Laufe des Gesprächs immer wieder aufgerufen hat? Unsere These lautet: Das muss vor sehr langer Zeit gewesen sein.

Wir wollen uns jetzt weiter mit unserem **Urknall** beschäftigen. Wenn es Ihnen also erstmals gelingt, den Kunden in der beschriebenen Form „abzuholen" und seine Wunschpunkte mit Ihren eigenen Worten zu wiederholen, dann haben Sie den entscheidenden Schritt getan. Sie signalisieren dem Kunden, dass Sie sein Problem und seinen Bedarf verstanden haben.

Was passiert auf der unterbewussten Ebene, wenn Sie einem Menschen signalisieren, dass Sie Ihn verstanden haben?

Es entsteht eine vertrauensvolle Kommunikation und somit haben Sie den höchsten „Wert" geschaffen, den Sie mit dem Kunden erreichen können. Zur Konkretisierung möchten wir Sie nun weiter sensibilisieren und auf die Meilensteine Ihrer **Resonanz** eingehen.

Ihre Fähigkeit zur **Resonanz** soll nicht nur eine Technik sein, die Sie fallweise und insbesondere nach der **Bedarfsanalyse** anwenden. Sie soll vielmehr Ihr Markenzeichen werden und ein Teil Ihrer verkäuferischen DNA. Sie sind damit der fruchtbare **Resonanzboden**, auf den die Bedarfe und Bedürfnisse des Kunden fallen. Die Meilensteine auf dem Weg zu diesem Ziel orientieren sich an den Instrumenten der **Sales Toolbox**.

Schritt 1: Terminvereinbarung

Ihre **Resonanz** beginnt bestenfalls schon zu wirken, bevor Sie den Kunden überhaupt persönlich kennen lernen. Bereits im Telefonat zur Terminvereinbarung haben Sie die Chance, positiv anders als andere Verkäufer zu wirken. Denn möglicherweise nennt Ihnen der Kunde bereits in diesem Telefonat Punkte, die er besprochen haben möchte, die Ihn besonders interessieren.

Was könnten Sie dem Kunden bereits in diesem frühen Stadium des Kontakts signalisieren?

Unser Beispielsatz für diesen Meilenstein sieht wie folgt aus:

„Herr Kunde, Sie interessiert also insbesondere das Thema xy. Sie können sich darauf verlassen, dass ich mich genau auf dieses Thema vorbereiten werde!"

Schritt 2: Kundenname
Der visualisierte Kundenname ist die Grundlage für eine persönliche **Resonanz.** Stellen Sie sich bitte diese Situation vor: Sie haben Ihren Platz im Verkaufsgespräch eingenommen und legen Ihre wunderbar visualisierte Vorbereitung auf den Tisch. Der Kundenname ist deutlich erkennbar, insbesondere für den Kunden selbst und die Botschaft beginnt ohne Worte zu wirken. Die vertiefende Erläuterung zur Vorbereitung mit Beispielen folgt im Abschn. 3.2.

Schritt 3: Gesprächseröffnung
In der Gesprächseröffnung ergibt sich die nächste Möglichkeit, um in der **Positivkette** das nächste Pluszeichen zu setzen. Welche Ansätze fallen Ihnen dabei ein?

Wir empfehlen Ihnen bei der Eröffnung Aussagen mit folgenden Bausteinen:

> „Herr Kunde, wie Sie mir bereits am Telefon mitteilten, ist das Thema xy besonders interessant für Sie. Dazu habe ich in meiner persönlichen Vorbereitung auf unser Gespräch einige wichtige Frage erarbeitet."

Schritt 4: Big Point

Nun folgt das Ausrufezeichen, der **Big Point** im Verkaufsgespräch. Wir möchten es provozierend formulieren: Wenn Sie in der **Bedarfsanalyse** Ihre Fragen gestellt haben und der Kunde Ihnen Antworten geliefert hat, die Sie jetzt nicht quittieren, dann sind Sie nun in einer verkäuferischen Sackgasse.

Die durch Sie quittierten Antworten des Kunden sind die notwendige Grundlage für Ihre anschließende **Nutzenargumentation**. Zur Veranschaulichung setzen wir das Eingangsbeispiel fort:

> „Herr Kunde, ganz besonders wichtig ist Ihnen, dass Ihre Produkte vor allem als regional erkannt werden, da die gesamte Marketingkampagne auf diese Regionalität abzielt.Genau aus diesem Grunde kann ich Ihnen hier eine regionale Spezialität anbieten, die von Ihren Endkunden als regionales Spitzenprodukt wahrgenommen wird."

Schritt 5: Einwand

Auch in der **Einwandbehandlung** wird Ihnen Ihre persönliche **Resonanz** helfen, den Kunden zu entwaffnen:

> „Sehr geehrter Herr Kunde, ich verstehe Ihren Einwand und kann Ihnen versichern, dass gerade dieses Produkt mit seiner regionalen Herkunft Ihre Endkunden besonders ansprechen wird!"

Schritt 6: Verdichtung

Der professionelle konkrete Verbleib und Gesprächsabschluss ist die Verdichtung der Ziele, Bedarfe und Bedürfnisse. Mit Ihrer Fähigkeit zur **Resonanz** verdichten Sie die Richtigkeit und Wichtigkeit der Überlegungen des Kunden.

Schritt 7: Nachbereitung

Wenn der Kunde schon gar nicht mehr damit rechnet, spielen Sie eine letzte Karte in der **Positivkette** aus und setzen ein zusätzliches Highlight. In der Nachbereitung des Verkaufsgespräches fassen Sie seine Wunschpunkte nochmals per Mail zusammen und versehen diese Zeilen mit einem Zeichen der Freude:

> „Sehr geehrter Herr Kunde, Ihre Ausführungen zum Thema xy haben mich beeindruckt. Da Ihnen insbesondere das Thema abc sehr am Herzen liegt, wird abc in meinem Angebot an Sie der zentrale inhaltliche Punkt sein. Ich freue mich darauf, Ihnen das Angebot anlässlich unseres kommenden persönlichen Termins näher erläutern zu können."

Wir sind davon überzeugt: Mit diesen Schritten bauen Sie eine nachhaltige Positivkette auf.

Im übertragenen Sinne bieten Sie dem Kunden immer wieder den **Customer Chair** an, in dem er als Mensch und natürlich auch mit seinen Bedarfen und Bedürfnissen bequem Platz nehmen kann. Die Instrumente der **Toolbox** werden durch die Elemente des **Customer Chairs** aufgewertet und beschleunigt. Sie zünden in der Verbindung gleichsam eine Rakete im Sinne einer **Positivkette**.

Wir laden Sie ein, diese Schritte der **Positivkette** in Ihren anstehenden Verkaufsgesprächen zu trainieren und die Wirkungen zu beobachten.

3.3   Die persönliche Vorbereitung

In diesem Abschnitt greifen wir die bereits angesprochene hohe Bedeutung bzw. Unverzichtbarkeit zur Visualisierung bei der Vorbereitung auf, denn unser Gehirn liebt Bilder.

Mit dieser Art der Vorbereitung erkennt unser Kunde ohne Worte, dass wir uns bereits im Vorfeld mit ihm beschäftigt haben. An dieser Stelle möchten wir betonen, dass wir in diesem Buch explizit zwischen einer inhaltlich-fachlichen und einer persönlichen Vorbereitung unterscheiden. In diesem Abschnitt geht es ausdrücklich nicht um die fachliche Vorbereitung auf das Verkaufsgespräch. Diese haben wir bereits im Schaubild und in Abschn. 2.2 abgebildet. Es geht nun vielmehr um die individuelle und persönliche Vorbereitung auf das Gespräch und vor allem um den Menschen (der im **Customer Chair** Platz genommen hat).

Wir möchten Sie mit folgender Frage in unsere Überlegungen einbeziehen: Warum betonen wir, dass die visuelle Vorbereitung häufig nicht nur eine Option bei der Vorbereitung eines Verkaufsgespräches ist, sondern eine notwendige Grundlage?

Möglicherweise gehen Ihre ersten Antworten in die folgende Richtung: „Ich muss Lösungen für die Probleme des Kunden parat haben" oder „Ich muss gute Argumente vorbereitet haben, damit der Kunde Interesse zeigt."

Wir wollen in eine andere Richtung, in der Sie sich vom Standard-Verkaufsgespräch abheben können. Eine besondere Aufmerksamkeit erzeugen Sie durch Ihr Interesse an der Person des Kunden. Und erst in einem späteren Schritt durch das, was Sie real zu verkaufen habe. Es geht also darum, Aufmerksamkeit zu wecken, durch Ihre individuelle, vielschichtige Verkaufspersönlichkeit.

Im der chinesischen Philosophie existieren die Begriffe Yin und Yang, Himmel und Erde, Tag und Nacht, Ebbe und Flut. Es gibt viele Analogien, die in den Sinn kommen, die ohne einander scheinbar nicht existieren. Im Yin-Yang-Prinzip geht es um **zwei entgegengesetzte Kräfte**, die doch miteinander im Einklang stehen, um duale Kräfte oder Prinzipien, die sich nicht bekämpfen, sondern ergänzen (siehe auch Granet, 1985).

Mit diesem Prinzip wollen wir nun auch die notwendigen Erfolgspunkte bebildern, die für die Vorbereitung eines professionellen Verkaufsgesprächs wichtig sind. Welche dualen Gründe sprechen somit für eine visuelle Vorbereitung und Dokumentation?

Yin sagt:

(1) Damit ich nichts vergesse.
(2) Indem ich das Gesagte und Beschlossene sofort dokumentiere, kann ich immer wieder im Verlauf des Gesprächs darauf Bezug nehmen, die Wunschpunkte des Kunden quittieren und diese Dokumentation noch lange nach Beendigung des Gesprächs weiter nutzen.

Yang sagt:

(3) Meine persönliche Vorbereitung ist mein Drehbuch für das **strukturierte Verkaufsgespräch**. Damit kann ich aktiv steuern.
(4) Ich will eine positive Außenwirkung erzeugen und stelle den Namen des Kunden für Ihn sichtbar in den Mittelpunkt! Außerdem kann ich so einfacher den Kunden immer wieder mit seinem Namen ansprechen. Das wertet Ihn auf und fokussiert das Gespräch.

Bildlich gesprochen ist also Yin eher dem Instrument der inhaltlichen Vorbereitung zuzuordnen und Yang kümmert sich um die Kompetenzen des **Customer Chairs.**

Mit der folgenden sehr individuellen sowie mit dem Stilmittel der Übertreibung angefertigten Vorbereitung auf ein Verkaufsgespräch wollen wir Sie nun inspirieren. So könnte also die erste Seite aussehen, die Sie aufdecken, nachdem Sie im Terrain des Kunden Platz genommen haben. Diese opulente Vorbereitung soll Ihre kreativen Möglichkeiten wecken, damit Sie sich positiv anders als andere auf den Kunden vorbereiten. Aus unserer Sicht sind die **Erfolgspunkte** einer **persönlichen Vorbereitung** erkennbar (Abb. 3.1).

Im Sinne der persönlichen Authentizität spielen individuelle Neigungen bei der persönlichen Vorbereitung auf das Verkaufsgespräch eine große Rolle. Unabhängig davon sollten die genannten vier **Eckpunkte** auf jeden Fall enthalten sein.

Abb. 3.1 Die persönliche Vorbereitung

Eckpunkt 1: Für Ihre positive Außenwirkung ist es essenziell, dass Ihre Vorbereitung für den Partner erkennbar ist. Bitte beantworten Sie dazu nach einer kurzen Bedenkzeit folgende Frage: An wen denkt der Mensch in erster Linie?

Die richtige Antwort lautet nach unserer Überzeugung: (überwiegend) an sich selbst. Diesen einfachen psychologischen Zusammenhang können Sie für sich nutzen.

3.3.1 Der Kunde steht auch visuell im Mittelpunkt

Erinnern Sie sich bitte an die erste Kernaussage in diesem Kapitel: Das **strukturierte Verkaufsgespräch** dreht sich um den Kunden, nicht um den Verkäufer. Unser Vorschlag lautet wie folgt: Setzen Sie den Namen Ihres Kunden auch optisch in den Mittelpunkt Ihrer Vorbereitung – groß geschrieben mit mindestens Schriftgröße 28.

So kann der Kunde zu jeder Zeit, auch über Kopf, seinen Namen lesen, und Sie senden während des Verkaufsgesprächs diese Botschaft:

> „Lieber Herr Kunde, wie Sie sehen habe ich mich auf unser Gespräch vorbereitet und mich mit Ihren Themen auseinandergesetzt. Ich habe also bereits eine Vorleistung erbracht. Herr Kunde, jetzt sind Sie dran.“

Mit dieser Vorgehensweise erzeugen Sie also im Idealfall eine Bringschuld.

Auch Sie als Verkäufer werden diesen großgeschriebenen Namen immer wieder lesen und einsetzen. Das eröffnet Ihnen die Möglichkeit, ein weiteres wichtiges Instrument der Gesprächsführung zu nutzen, die wir mit folgender These formulieren:

Der visualisierte Kundenname ist die Grundlage für das psychologische Phänomen des **taktvollen Unterbrechens**.

Bitte stellen Sie sich zur Konkretisierung folgende typische Situation vor:

Das Verkaufsgespräch läuft bisher gut. Sie wollen es finalisieren und zu einem erfolgreichen konkreten Verbleib kommen. Gerade jetzt schweift der Kunde ab. Obwohl Sie ausreichend Empathie haben, um sich die Sorgen und Nöte des Kunden anzuhören, möchten Sie aber auch nicht das soeben gewonnene verkäuferische Drehmoment abwürgen und womöglich nochmals eine Runde drehen. Wie bekommen Sie den Kunden wieder fokussiert?

Sie kennen die Antwort bereits: Der Kunde wird seinen durch Sie aus-
gesprochenen Namen gerne hören. Zudem hat die Namensnennung
einen weiteren unschätzbaren psychologischen Wert. Sie unterbrechen
damit Ihren Partner in seinem Redefluss.

Gleiches gilt für viele tendenziell kritische Situationen, in denen Sie
bemerken, dass der Kunde zu sehr in gedanklichen Hindernissen und
Einwänden unterwegs ist. Das Phänomen des **taktvollen Unterbrechens**
ist wirkungsvoll, zugleich aufwertend und höflich. Den eigenen Namen
überhört ein Mensch eher selten. Im Gegenteil, der eigene Name ist so
tief abgespeichert, dass der Kunde seinen eben gedachten Gedanken mit
hoher Wahrscheinlichkeit rasch beendet und wieder bei Ihnen ist. An
dieser Stelle verweisen wir auf das Beispiel der Talkshows in Abschn. 2.8
und die freundliche Methode der Unterbrechung von Monologen.

Wir kommen nun zum **Eckpunkt 2 – Persönliche Reminder.** Denken Sie dazu bitte an das letzte bzw. erste Gespräch oder Telefonat. Welche Themen oder Agendapunkte wollen Sie auf dieser Basis in jedem
Falle ansprechen? Welches notwendige Zahlenmaterial müssen Sie nach
dem KISS-Prinzip (Keep It Short and Simple) wirklich parat haben?

Diese **persönlichen Reminder** sollten für Sie leicht erkennbar sein.
Ein Stichwort und ein halber Satz genügen, damit Ihnen die „Story" dazu
einfällt. Wir wollen das mit Beispielen vertiefen:

Beispiel 1 Wenn Sie dazu neigen, anteilig sehr viel in einem Kundengespräch zu reden, dann sollte auf Ihrer Vorbereitung für Sie selbst die Regieanweisung „ausreden lassen" erkennbar sein.

Beispiel 2 Wenn es Ihnen (noch) schwerfällt, die Wunschpunkte des Kunden zu quittieren, dann sollte der Satzauftakt zur Verständnisquittung bzw. **Resonanz** stehen: „Lieber Herr Kunde, für Sie ist es also besonders wichtig, dass …"

Beispiel 3 Das in Abschn. 2.10 der **Sales Toolbox** beschriebene **Added Value Opening** gehört auf Ihre Vorbereitung, wenn Sie es zur Anwendung bringen wollen. Hier reicht ebenfalls ein gut gewähltes Stichwort aus, um die Botschaft der Story in der Gedankenwelt des Kunden zu hinterlassen.

Dürfen wir an Sie übergeben? Welche Reminder zu Ihrem individuellen persönlichen Verhalten wollen Sie sich ab sofort auf Ihrer Vorbereitung notieren?

**Nun wenden wir uns dem Eckpunkt 3 – Drehbuch schreiben zu.
Nach unserer Erfahrung ist es nicht ausreichend, Notizen vorzu-**

bereiten, um danach alle Punkte einfach abzuarbeiten. Vielmehr ist die persönliche Vorbereitung als Drehbuch des Verkaufsgesprächs zu begreifen.

3.3.2 Das persönliche Drehbuch

Auf Ihrer persönlichen Gesprächsvorbereitung sollte zunächst das **Ziel** des Gesprächs kurz und knapp formuliert sein. Obwohl die Frage nach dem „Warum" trivial erscheint, wollen wir sie stellen: Warum führen Sie dieses Gespräch? Was ist das Ziel, das wir mit diesem Gespräch erreichen wollen?

Sie werden die richtige Antwort gefunden haben und trotzdem war es aus unserer Sicht lohnenswert, über die Bedeutung der Gesprächsziele nachzudenken.

Das Ziel des Gesprächs sollten Sie knapp aber deutlich und für Sie (aber nicht für den Kunden) sichtbar notieren. Es beinhaltet eine der wichtigsten **Regieanweisungen** für das Verkaufsgespräch. Gespräche driften gelegentlich ab. Vielleicht geht es plötzlich zu sehr um private Themen. Sobald Ihr Blick zurück auf das Ziel fällt, können Sie das Gespräch wieder in die gewünschte Richtung bringen.

Damit Sie die „Strukturführerschaft" im Verkaufsgespräch behalten, sollten auf Ihrer persönlichen Gesprächsvorbereitung zusätzlich „Ordnungsfragen" enthalten sein. Also essenzielle, offene Fragen zur anschließenden **Bedarfsanalyse** (siehe **Sales Toolbox** Abschn. 2.6). Die Absicht alleine, ohne eine visuelle Verankerung, ist in der Regel nicht ausreichend. Wir empfehlen daher, dass Sie sich drei offene Fragen notieren und diese einsetzen.

Sie werden bei der Analyse der Interviews im Buchteil II – Sales Excellence feststellen, dass es bei der Arbeit mit offenen Fragen keine Rolle spielt, in welcher Branche Sie als Verkäufer arbeiten oder in welcher Rolle. Der Grundgedanke der zu stellenden offenen Fragen fokussiert sich dabei auf den folgenden bekannten Dreiklang:

(1) Kunde, wo stehen Sie bezüglich des Themas, das wir heute angehen wollen?
(2) Kunde, wo wollen Sie bezüglich des Themas hin?
(3) Kunde, was haben Sie bereits zu diesem Thema unternommen (und wo komme ich jetzt als Top-Verkäufer ins Spiel)?

Versetzen Sie sich bitte gedanklich in folgende Situation: Sie sitzen in einem wichtigen Verkaufsgespräch und spüren etwas mehr Adrenalin als gewöhnlich. Der Kunde ist ein freundlicher Mensch und Sie reden über die wichtigen Dinge des Lebens ohne bislang auf das zu verkaufende

Produkt einzugehen. Sie hatten sich vorgenommen, den Kunden ausreden zu lassen und die notwendigen offenen Fragen zu stellen.

Was zeigt jetzt die Erfahrung? Der gute Vorsatz alleine reicht in den meisten Fällen nicht aus. Sie haben am Ende die entscheidenden Informationen nicht bekommen, weil Sie die entsprechenden Fragen nicht gestellt haben. Weil Sie so viel im Kopf hatten. Eine deutliche Regieanweisung auf Ihrer Vorbereitung hätte dieses Ergebnis mit hoher Wahrscheinlichkeit verhindert.

Im nächsten Abschnitt geht es nun um den **Eckpunkt 4 – Mitschreiben**, was Sie während des Gesprächs zwingend tun sollten.

3.3.3 Der essenzielle Sinn des Mitschreibens

Wie bereits im Abschnitt zuvor und an weiteren Stellen des Buches erläutert, ist die Mitschrift der wichtigen Aussagen, im besten Falle von kurzen „Originaltönen", essenziell und somit erfolgskritisch für den Verlauf des Gesprächs: Wie wollen Sie die Wunschpunkte des Kunden durchgängig quittieren, wenn das Gespräch eine Stunde und länger dauert und Sie nichts mitgeschrieben haben? Wir wiederholen an dieser Stelle unsere Empfehlung: Trainieren Sie bitte, keine ganzen Sätze zu schreiben. Die genannten kurzen „Originaltöne" entspringen der Seele des Kunden.

Stichworte individualisieren die **Kunst der Resonanz**. Ihre Fähigkeit die Wunschpunkte des Kunden mit eigenen Worten zu wiederholen macht Sie authentisch und differenziert Sie von anderen Verkäufern. Zur Veranschaulichung und zu Übungszwecken stellen wir Ihnen folgende vereinfachte Darstellung einer persönlichen Vorbereitung für den täglichen Bedarf zur Verfügung.

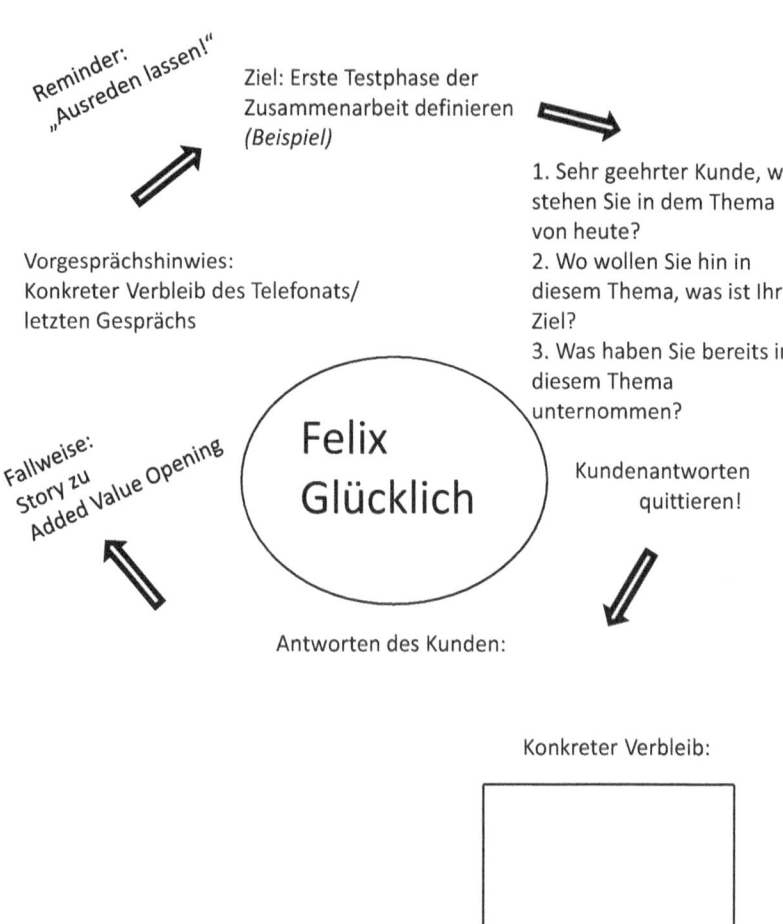

Döring 02.22

Wir haben nun gemeinsam das Wissen erarbeitet, das Sie ab jetzt in die Lage versetzen sollte, die Erfolgspunkte aus der Perspektive des **Customer Chairs** umzusetzen. Damit befinden Sie sich aus unserer Sicht auf einem Level, das Sie deutlich von Ihren Mitbewerbern unterscheiden kann. Wir laden Sie nun ein, die Inhalte zu vertiefen: Wie sieht Ihre persönliche **erste Seite** der Vorbereitung aus, die der Kunde zu sehen bekommt?

3.4   Die Antithese zum Customer Chair

In unserer beruflichen Praxis stoßen wir gelegentlich auf Menschen, die die Kompetenzen des **Customer Chairs** als eine Art der versuchten Manipulation des Kunden durch den Verkäufer betrachten. Daraus lässt sich eine Antithese ableiten: Mit den Methoden des **Customer Chairs** sind keine vertrauensvollen Absichten verbunden, sondern besonders clevere Vorgehensweisen, um den Kunden einzuwickeln.

Wir möchten Sie als unseren Leser an diesen Überlegungen beteiligen: Ist dieser Vorwurf berechtigt? Oder noch weitergedacht: Ist das **strukturierte Verkaufsgespräch** das Handwerkszeug von Manipulatoren und Hochstapelei?

Und wo sind die Grenzen der Manipulation?

Lassen wir die Literatur sprechen. Der Hochstapler Felix Krull benutzt die Lüge für seine Ziele (Mann, 1964). Bezeichnen wir die Lüge als Gift, dann kommt es nach Paracelsus auf die Dosierung an (Paracelsus, 1529). Oder kommt es auf die Anfälligkeit des Opfers für das Gift an?

Wir ergänzen diese Betrachtung mit einem Beispiel aus der neueren Zeit: „Schon gleich zu seiner Amtseinführung hat Donald Trump den Ton gesetzt und mit einer **stilprägenden Lüge** aufgewartet: Bei seiner Inauguration sind **mehr Zuschauer vor Ort** gewesen, als acht Jahre zuvor bei Barack Obama", erläutert der Politikwissenschaftler Martin Thunert (Illner, 2021). Die objektive Schätzung für den Amtseid am 20.01.2017 belegt durch Luftbildaufnahmen lagen zwischen **300.000 und 600.000 Zuschauer im Vergleich zu** 1,8 Millionen Zuschauer bei Barack Obamas Amtseinführung. In den folgenden vier Jahren seiner Amtszeit soll Donald Trump lt. Washington Post mehr als 30.000 Lügen verbreitet haben. Doch wie ist die Perspektive seiner Anhänger? Sind sie quasi immun gegen Lügen?

Ihr Kunde ist **nicht immun** gegen Unwahrheiten, weil der Verkauf im Unterschied zu den genannten Beispielen eindeutiger messbar ist. Unterscheiden wir also die Kompetenzen des **Customer Chairs** von der manipulativen Absicht der Lüge. Eine Lüge bleibt eine Lüge und hat nichts mit dem Ziel zu tun, sich empathisch auf den **Customer Chair** zu setzen. Und damit ist eine (kleine oder große) Lüge oder eine Manipulation mit dem Ziel der eigenen Vorteilsnahme für Ihr Wirken als Verkäufer ungeeignet, unbrauchbar, kontraproduktiv und gefährlich.

Sollten Sie jemals einen Kunden „über das Ohr gehauen haben", ihm vielleicht sogar zur eigenen Vorteilsnahme die Unwahrheit gesagt haben, dann wissen Sie sicher wie das Verhältnis anschließend funktioniert hat: gar nicht.

Es sei denn, Sie haben einen langen und schmerzhaften Weg der Entschuldigungen und Bußgänge beschritten. Ihre Kunden reagieren also äußerst empfindlich auf das Gift einer auch noch so kleinen, versuchten Manipulation. Das wiederum liegt auch an der historischen Rollenverteilung im Verhältnis zwischen Verkäufer und Kunde.

Der Kunde ist König?

Dieser oder ein vergleichbarer Leitsatz wie „Der Kunde hat immer recht" werden häufig in Verbindung mit dem 1909 von Harry Gordon Selfridge eröffneten Londoner Kaufhaus Selfridge & Co. zitiert (siehe auch Woodhead, 2012). „Demnach sollen alle Wünsche des Kunden während des

Kauferlebnisses maximal erfüllt werden, um ihn zufrieden zum Kauf zu bewegen. Seine Belange stehen dabei über denen aller anderen beteiligten Personen." (Zywietz, 2021)

Dieser Mythos ist nicht mehr zeitgemäß, denn er zwingt Sie bildlich gesprochen dazu, vor dem Kunden in die Knie zu gehen und Ihre eigene Marke mit Ihren eigenen Werten unterzuordnen. Unser Ansatz lautet: Sie wollen und sollen Partner sein. Das erwartet in der Regel auch Ihr Kunde.

Der Kunde darf alles und hat immer recht?
Diese These lässt sich bereits durch einen gesunden Menschenverstand widerlegen. Es mag immer noch vereinzelt Kundentypen geben, die diesen Anspruch leben. Diese denken und handeln aber nicht mehr zeitgemäß, weil sie mit diesen tradierten Vorstellungen einer Rollenverteilung nur schwerlich dauerhaft erfolgreich sein können. Richtig und zeitgemäß ist, dass Sie als Verkäufer den Kunden stets im Fokus Ihres Handelns haben, denn Sie wollen in seinem Sinne Lösungen erzeugen. Diese beiden Begriffe sollten daher stets im Mittelpunkt all Ihrer Aktivitäten stehen: **Customer Centricity** und **Authentizität**.

Customer Centricity: Der Kunde ist und bleibt Dreh- und Angelpunkt aller unternehmerischen Entscheidungen. Die Grenze ist erreicht, wenn Ihr Kunde wie ein absolutistischer Herrscher unantastbar sein will. Erfolgreiche Verkäufer schaffen es, den Kunden von sich zu überzeugen, indem sie ihre Produkte und Kommunikation an ihm ausrichten, den **eigenen Werten** aber dennoch treu bleiben.
Wir sind davon überzeugt, dass es einen zentralen Wert im Verkauf gibt, der Sie wirkungsvoll davor schützt, wie ein Manipulator zu wirken und der gleichzeitig sicherstellt, keine unterwürfige Haltung einzunehmen, indem Sie bildlich die Visitenkarte mit beiden Händen überreichen: **Authentizität.**
Bleiben Sie immer authentisch und echt. Ihre Identität d. h. Ihr Selbstbild basiert unter anderem auf Ihren Werten und Kompetenzen. Erfolgreich sind Sie insbesondere dann, wenn Sie dauerhaft Ihre Versprechungen

einhalten und Ihr Fremdbild d. h. Ihr Image beim Kunden zu Ihrer Identität passt (siehe auch Burmann et al., 2018).

In diesem Sinne will dieses Buch Ihre Echtheit trainieren und Ihnen Anregungen für Ihre verkäuferische Praxis geben. Es will vor allem, dass Sie Erlerntes authentisch transportieren. Am Ende können Sie als Verkäuferin nur Ihr Bestes geben, das heißt Ihr Handwerkszeug einsetzen und empathisch die Kompetenzen des **Customer Chairs** einsetzen, um dem Kunden Nutzen zu bringen.

Bleiben Sie also einfach **echt**!

Teil II

Sales Excellence

In diesem Teil lassen wir Praktiker zu Wort kommen. Diese Sales Excellencen und ihre Vertriebstätigkeiten werden Sie im Verlauf noch kennenlernen. Für einen ersten Überblick unsere Gesprächspartner in der Reihenfolge des Auftauchens im Buch:

1. Georg Kierdorf, Inhaber Harley-Davidson Niederlassungen Köln & Bonn und Kevin Williams, Verkauf Harley-Davidson Niederlassungen Köln & Bonn
2. Carolin Corongiu und Alexander Corongiu, Inhaber SardoVINO GmbH, Ludwigsburg
3. Vanessa Wilkens, Inhaberin Hans im Glück, Oldenburg
4. Til Odenwald, Vertriebsleiter Gastronomie, Brauerei Dinkelacker-Schwabenbräu, Stuttgart
5. Maximilian von Morr, Geschäftsbereichsleiter Sales & Category Management, Fuchs GmbH & Co.KG, Dissen
6. Andreas Schweiger, Geschäftsleiter Vertrieb und Dimitrij Bürger, Vertrieb national/international Müller Fleisch GmbH, Pforzheim
7. Olaf Tittel, Medienberater, Bremer Tageszeitungen AG (WESER-KURIER), Bremen
8. Volker Uhlemann, Spartenleiter Lizenzkulturen und Soenke Koop, Crop-Manager Hybridgetreide, Saaten-Union GmbH, Isernhagen

9. Christian Jenner, Geschäftsführer, **Nowy Styl Deutschland GmbH, Steyerberg**
10. Norbert de Wall, Relationship-Manager Privatkunden, Bankhaus Neelmeyer, Bremen, Leer (Ostfriesland)
11. Thomas M. Henseler, Geschäftsführer Vertrieb International und Frank Uhlhorn, Leiter Vertriebsinnendienst, Heidemark GmbH, Ahlhorn
12. Uwe Albershardt, Vorstand Team Beverage, Bremen
13. Heinz Ader, Leiter Vertriebsdirektion Württembergische Vertriebspartner GmbH, Vertriebsgesellschaft der Wüstenrot & Württembergische AG, Stuttgart
14. Carsten Leineweber, Niederlassungsleiter Vertrieb Paket und Post, Deutsche Post DHL Group, Bonn
15. André *Roeske*, Senior Vice President Sale, ADA Cosmetics International, Kehl
16. Andreas Niehaus, Geschäftsführender Gesellschafter, Service Team GmbH, Oldenburg
17. Jochen Meier, Geschäftsführender Gesellschafter, Kühn & Co, Bochum, Remscheid, Dortmund

4

Nutzen und Struktur – Was bedeutet Sales Excellence?

Dieses Kapitel will Sie inspirieren.

Das Handwerkszeug haben wir uns in Buchteil I erarbeitet. Die Pflicht steht also. Jetzt geht es um die Kür. Um einen wirklichen Spannungsbogen zu initiieren, sind die Interviews mit erfolgreichen Sales-Verantwortlichen zu diesem Buchteil erst geführt worden, nachdem wir die **Sales Toolbox** im ersten Abschnitt dieses Buches erstellt hatten. Die Idee dahinter: Wir wollten bewerten, ob die Instrumente des **strukturierten Verkaufsgesprächs** durch die **Sales Excellences** bestätigt werden oder neu justiert werden müssen. Heute wissen wir: Die Interviews passen zur **Toolbox**.

Doch was ist eine **Sales Excellence** bzw. was versteckt sich hinter diesem Begriff? Es ist eine erfolgreich umgesetzte Inspiration, ein Plan, ein umfangreiches Konzept – und aus unserer Sicht eine **Innovation**, die in einem Unternehmen bereits bewiesen hat, dass sie im Vertrieb bzw. im Verkauf funktioniert. **Innovationen** sind notwendiger denn je, denn gerade in Deutschland tun sich viele Unternehmen in den unterschiedlichsten Branchen schwer, ganz neu zu denken. Dabei sollen gerade **Innovationen** nicht zufällig erfolgen, sondern sollen geplant und

D. Döring, M. Zeller, *Das strukturierte Verkaufsgespräch*, https://doi.org/10.1007/978-3-658-37166-1_4

kontrolliert werden, denn sie sind für den vertrieblichen Erfolg der Zukunft notwendig.

Hinter jedem der hier beschriebenen Cases stehen Menschen, die jeweils abgebildet sind, damit Sie, liebe Leserinnen und Leser, das Gesicht oder die Gesichter hinter der **Excellence** kennen. Der Begriff Sales Excellence beschreibt damit sowohl das Thema, das beschrieben wird, als auch den oder die Menschen, die dahinterstehen. Der aus den Interviews entwickelte **Innovationskreis** beinhaltet 17 Beispiele (Abb. 4.1), die in der gewählten Reihenfolge immer ein Stück weit aufeinander aufbauen. Gleichwohl können Sie den Innovationskreis auch nutzen, indem Sie „Stockpicking" betreiben und die aus Ihrer Sicht lohnendsten Ansätze auswählen. Die Idee dabei ist, dass Sie sich einfach folgende Frage stellen: **Ist dieser Ansatz etwas für mich etwas für mich und mein Unternehmen?**

Selbstverständlich können Sie auch etwas sportlicher an die Sache herangehen und sich 17 Mal die Frage stellen, ob das, was in der **Sales Excellence** beschrieben ist, auch zu Ihrem verkäuferischen Repertoire gehört. Konkret: „Kann und lebe ich all das, was von diesen Verkaufspersönlichkeiten in diesen Unternehmen bereits erfolgreich umgesetzt wird?"

Zur Methodik der Interviews: Zunächst erfolgt jeweils eine Beschreibung des Inhalts oder des Kerns der **Sales Excellence** durch die jeweilige Verkaufspersönlichkeit. Da es sich dabei um Originalaussagen handelt, sind diese Beschreibungen durch Anführungszeichen gekennzeichnet. Zusätzlich sind fallweise weitere Originaltöne namentlich ausgewiesen. Danach erfolgt der **Praxistransfer**, also die Beschreibung eines möglichen Nutzens für Ihre vertriebliche Praxis. Zusätzlich **reflektieren** wir Besonderheiten, Verstärkungen und mögliche Gefahren bei der Umsetzung in der Praxis und einen denkbaren **Plan B**. Die Leitfrage bei der Reflexion lautet: Welche Instrumente des **strukturierten Verkaufsgesprächs** müssen bei der Realisierung der **Sales Excellence** besonders beachtet werden?

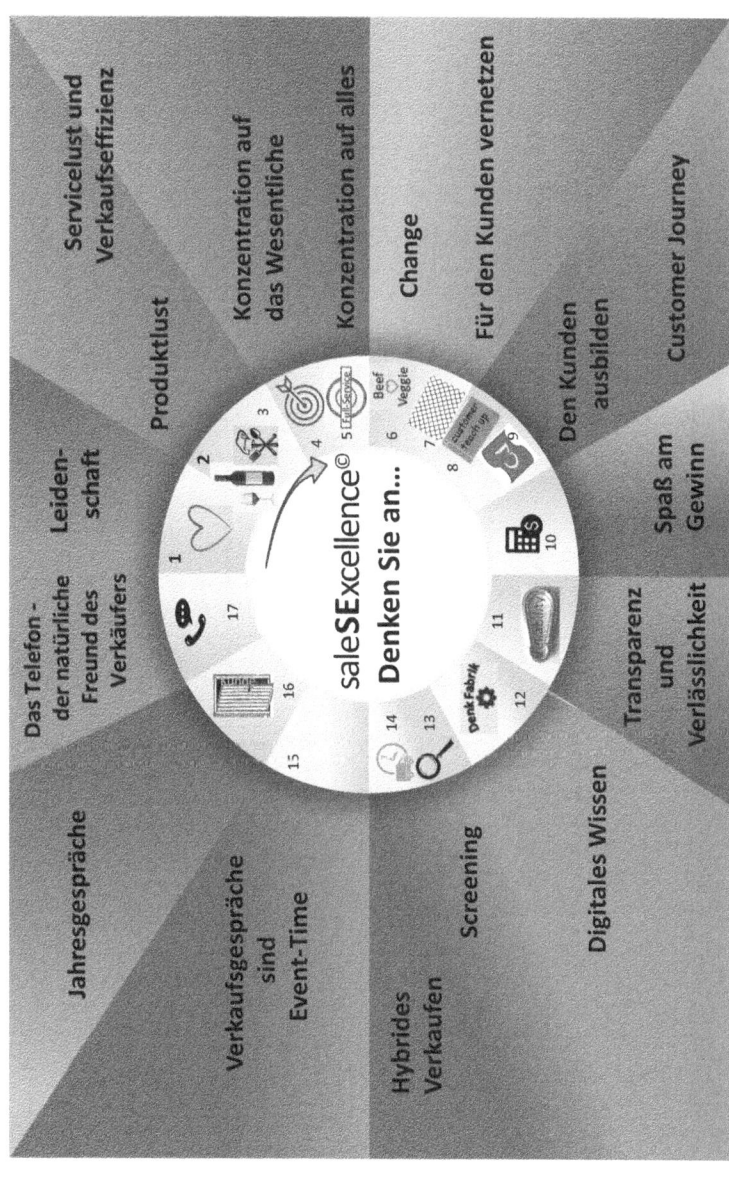

Abb. 4.1 Übersicht Sales Excellences

5

Sales Excellence – Beispiele aus der unternehmerischen Praxis

In diesem Kapitel heißen wir Sie in der realen Unternehmenswelt willkommen. Wir wollen Ihnen anhand von konkreten Beispielen aus verschiedenen Branchen aufzeigen, wie erfolgreicher Vertrieb gelingen kann und welche Aspekte vor dem Hintergrund der Sales Toolbox berücksichtigt werden müssen. Diese Beispiele nennen wir „Sales Excellences" – Sie spiegeln exzellente Herangehensweisen an unterschiedliche Herausforderungen aus vertrieblicher Sicht wieder.

5.1 Denken Sie an … Leidenschaft

Gesprächspartner: Georg Kierdorf (Foto links), Inhaber Harley-Davidson Niederlassungen Köln & Bonn und Kevin Williams (Foto rechts), Verkauf Harley-Davidson Niederlassungen Köln & Bonn

D. Döring, M. Zeller, *Das strukturierte Verkaufsgespräch*, https://doi.org/10.1007/978-3-658-37166-1_5

Georg Kierdorf   Kevin Williams

Für die Harley-Davidson Niederlassungen Köln & Bonn gilt: Leidenschaft im Verkauf – ist mehr als ein MUSS.

Kevin Williams: „Wir haben Glück, denn keine Motorradmarke der Welt hat einen höheren emotionalen Stellenwert, eine höhere Strahlkraft. Harley-Davidson-Fahrer kommen immer ins Gespräch. Es stecken immer Storys hinter jedem einzelnen Bike und Biker, die geteilt werden wollen. (…) Als leidenschaftlicher Harley-Fahrer verkaufe ich kein Produkt, sondern meine Lebensphilosophie!"

Georg Kierdorf: „Man kommt zu uns, sitzt zusammen und quatscht über das geilste Produkt der Welt!"

Der Kauf und das Fahren einer Harley-Davidson ist eine Reise in eine Erlebniswelt. „Wir müssen häufig den potenziellen Käufer gar nicht überzeugen. Aus den unendlich vielen möglichen Konfigurationen, mit dem Kunden gemeinsam das genau passende Bike für ihn „zusammenzupuzzeln" und ihn so die Reise in die Erlebniswelt Harley-Davidson zu eröffnen, das ist unser Job. Und dann geht es erst richtig los. Beispielsweise ist ein Werkstattbesuch bei uns kein notwendiges Übel, sondern ein leidenschaftlich zelebrierter Event für Mensch und Maschine. Und bei gemeinsam organisierten Ausfahrten wird diese **Leidenschaft** für das Produkt und die Marke so vertieft, dass sogar persönliche Freundschaften entstehen."

Leidenschaft ist ein weicher Begriff, der schwer messbar ist und von verschiedenen Personen unterschiedlich definiert werden kann. Leidenschaft soll hier das Synonym dafür sein, dass ohne persönliche Passion und ohne Engagement keine Excellence entstehen kann. Für sein Produkt und seine Dienstleistung zu brennen, schafft Kohärenz von persönlicher Wirkung und gesprochenen Botschaften.

Diese Sales Excellence ist auch ein Musterbeispiel für einen guten Plan B: Wenn der Verkauf im Showroom pandemiebedingt eingeschränkt bleibt, dann sieht ein kreativer Plan-B-Vertriebsweg wie folgt aus: „Wenn der Kunde nicht zu uns kommen darf oder mag, dann kommen wir zum Kunden. Wir machen einen Termin mit ihm, laden 4 komplette Bikes auf unseren speziellen Trailer und fahren damit zum Kunden."

Was für ein Transfer für die gesamte Industrie! 100 Jahre lang ist der Kunde in den Showroom oder in das Autohaus gekommen. Jetzt wird dieser Verkaufsprozess fallweise neu definiert. Und verkäuferisch beantwortet sich die folgende Frage von selbst: Spürt der Kunde nicht schon eine gewisse Kaufverpflichtung, wenn nur für ihn eine Armada an Bikes aufgefahren wird?

Abschließend ist uns folgender Einwurf wichtig: Leidenschaft ohne **Bedarfsanalyse** mutiert schnell zum Egotrip.

Bei aller Begeisterung für das emotionale Produkt: Auch hier geht es natürlich um den speziellen persönlichen Bedarf des Kunden und das Verkaufsgespräch ist somit immer gekoppelt an die Idee des **Customer Chairs**. Sie sollten sich also trotz Ihres Engagements auf den Stuhl des Kunden setzen und seine Sicht einnehmen. Sonst droht Ihnen als Verkäufer, dass Sie den Kunden nicht erreichen, weil Sie Ihre eigene Sicht der Produkte oder Dienstleistungen fälschlicherweise auf den Kunden übertragen.

Den **Customer Chair** einzunehmen und die **Bedarfsanalyse** umzusetzen, ist ein wirksamer Schutz gegen unprofessionelle Hochdruckverkäufer.

5.2   Denken Sie an … Produktlust

Gesprächspartner: Carolin Corongui und Alexander Corongiu, Inhaber Sar-
doVINO GmbH, Ludwigsburg

Carolin Corongiu   Alexander Corongiu

„Alle **Sardovinos** teilen die Begeisterung für **Wein**. Es ist die reine
Freude und Lust am Produkt. **Produktlust** eben. Natürlich verkaufen
wir unsere Produkte auf der einen Seite auch „klassisch", in großzügigem
und stilechtem Ambiente unseres Weinladens an italienaffine High-
Interest Endverbraucher, Gastronomie und Wiederverkäufer. Auf der anderen Seite, natürlich getrieben durch das „Corona-Learning", haben wir
eindrücklich festgestellt, dass das Thema Online mehr als ein Zubrot ist,
sondern ein effektiver Vertriebsweg.

Dabei steht für uns natürlich diese Frage im Raum: Wie können wir
Emotionen online vermitteln? Denn beim Wein geht es um Emotionen.
Als Ergebnis haben wir für uns das „virale Verkosten" entdeckt. Wir stellen Weine also nicht nur per Bild dar, sondern per YouTube mit einem
kurzen, knackigen Video mit 2–4 Minuten Länge. Dabei achten wir
streng darauf, dass Freude und Begeisterung im Mittelpunkt stehen.
Technische Details der Weine (Öchslegrad etc.) werden nicht oder nur
kurz erläutert, weil es die Kunden eher informativ überfrachten oder
langweilen würde. Es geht darum, Emotionen zu vermitteln und keine
wissenschaftlichen Abhandlungen zu kreieren."

Hier zeigt sich **Added Value Opening** durch Emotionalisierung und Visualisierung (siehe Buchteil I). Lohnender als eine Argumentation zu den letzten Cent-Beträgen „rauf oder runter" beim Preis, erscheint zumindest in Teilen der Ansatz, die sachliche Argumentation gegen eine emotionale Argumentation zu tauschen. Nutzen durch Emotionalisierung entsteht hier durch das Mittel der Visualisierung.

Grundsätzlich ist die Emotionalisierung von Produkten ein adäquater Weg, um immer wieder neue Bedarfe und Bedürfnisse zu schaffen. Auf diesen Zusammenhang setzen auch Konzerne mit Ihren großen Marken immer wieder sehr erfolgreich (siehe Apple, Mercedes etc.).

In dem hier dargestellten Kerngedanken „**Produktlust** durch Emotionalisierung" ist bereits die besondere Form der Nutzenpräsentation angelegt. Dieser Ansatz benötigt dann auch eine klare Form der Darstellung. Wie in der klassischen Nutzenargumentation sollte der Betrachter auch hier nicht mit Informationen überrollt werden. Zudem ist es für die Ausgestaltung der digitalen Präsentation wichtig, dass eine Kohärenz des Gesagten mit Auftreten und Wirkung der darstellenden Personen erzielt wird.

Das heißt konkret, dass Video-Botschaften, Podcasts, Audiosequenzen etc. „geschlossene Botschaften" sind. Es geht um das Produkt, das dort zu sehen und zu hören ist. Daher ist zum einen darauf zu achten, dass keine überflüssigen Botschaften gesendet werden, die dann wieder die Gesamtwirkung negativ beinträchtigen würden: „Um mehr über diese spezielle Produktrange zu erfahren, besuchen Sie uns doch in unserem…"

Und zum anderen geht es darum, dass keine rechtfertigenden Hinweise unbewusst formuliert werden. Was ist damit gemeint? Die folgenden zwei Beispiele geben Aufschluss. Zunächst ein Originalton eines Reporters der Tour de France während einer Übertragung einer Bergetappe: „Meine Damen und Herren, wenn Sie sehen könnten, wie steil dieser Berg in Wirklichkeit ist …" Dann ein Reporter in einer Autosendung:

„Der Sound des neuen * ist irre, hören Sie mal! – Aber das ist zuhause bestimmt nicht so zu hören wie es live klingt."

So dargestellt, wird eine Mangel beschrieben und es entsteht eher das Gefühl, so etwas wie ein 2.-Wahl-Erlebnis geliefert bekommen zu haben. Hätten die beiden Reporter es nicht gesagt, hätten die Zuseher es sicher gar nicht erst bemerkt. Rhetorisch gesehen, ist in beiden Fällen ein **unbedachtes, unbewusstes Abwürgen der Spannungskurve** erfolgt. Warum sagen die Reporter nicht einfach „Sehen Sie nur, wie steil der Berg ist" oder „Hören Sie nur diesen fantastischen Sound."

Rechtfertigen Sie also keine vermeintlichen Mängel, die am Ende nur den Ursprung in Ihrer eigenen Wahrnehmung haben. Das gilt natürlich für jede Art der Präsentation Ihrer Produkte und Dienstleistungen beim Kunden. Videosequenzen, Präsentationen per Laptop, Produktmuster etc. sind Mittel, die Sie in Ihrer Wirkung unterstützen sollen und nicht der Kern des professionellen Auftritts beim Kunden. Der Kern sind immer Sie selbst.

5.3   Denken Sie an … Servicelust und Verkaufseffizienz

Gesprächspartnerin: Vanessa Wilkens, Inhaberin Hans im Glück, Oldenburg

„Wir verkaufen in unserem Restaurant **Hans im Glück** weniger eine Dienstleistung, sondern ein Wohlfühl-Gefühl. Das heißt, unsere Gäste sollen durch meine Mitarbeiterinnen und Mitarbeiter emotional durch den Besuch bzw. durch das Erlebnis geführt werden. Das „Verkaufsgespräch" beginnt beim Eintreffen und endet erst, wenn die Gäste das Lokal verlassen. Meine Gäste sind querbeet vertreten, von jungen Menschen, über Geschäftsleute bis zur Oma mit dem Enkel.

Zur Einordnung: Angebote für Burger gibt es mehr als genug. Wir unterscheiden uns, indem wir das Produkt Burger emotionalisieren. Es geht dabei nicht um das „Was", sondern um das „Wie". Das „Wie" veredelt das „Was". Dazu gehört zunächst eine gute Beratung, Betreuung, Fachwissen, emotionale Intelligenz und ein Stück weit auch die Marke.

Als Frau habe ich einen sehr weiblichen Ansatz am Gast: empathisch, emotional, analog, intuitiv, d. h. eng am Gast und an Mitarbeitenden und weiter weg von der Ratio. Ich war dafür zu Beginn jeden Tag im Betrieb, dabei weniger für meine Gäste da, sondern mehr für mein Team als Ansprechpartnerin, habe erklärt und vorgemacht, vorgelebt, um anzustecken."

Das Ambiente im Hans im Glück bietet bereits viel Atmosphäre. Für eine Wohlfühlatmosphäre braucht es zusätzlich den **Faktor Mensch**. Für die Gäste und die Mitarbeitenden gilt:

Das Verkaufsgespräch ist hier eher ein „Verführen" über 5 Kontaktpunkte zwischen Gast und Mitarbeitenden:

(1) Begrüßung: Wie öffne ich das Herz der Gäste?
(2) Beratung am Tisch: Wie kann ich den Wunsch nach einer Vorspeise mit der richtigen Fragetechnik beim **Gesprächseinstieg** wecken? Und: „You never get a second chance for a first impression."
(3) Bedienen: Essen einsetzen, nachfragen ob alles recht ist und abräumen – dabei erkennen, was die Gäste noch möchten.
(4) Betreuung: Service hört nicht um 21 Uhr auf, weil die Mitarbeitenden anfangen nur noch das Smartphone zu checken, oder den nächsten Tag vorbereiten.
(5) Gästebindung: Den Gästen durch Kommunikation und Tugenden, wie Freundlichkeit und Zuvorkommenheit, Lust auf einen weiteren Besuch machen.

Verkauf soll so stattfinden, dass die Gäste nicht gestört werden. Das heißt die Mitarbeiter sollen bei den o. g. Kontaktpunkten verkaufen.

Vanessa Wilkens: „Für die Bedarfsanalyse nutzen wir die Speisekarten-struktur. Meine Mitarbeiterinnen und Mitarbeiter sollen aktiv empfeh-len, insbesondere Produkte, die sie selbst kennen (und mögen) und dabei die Gäste so behandeln, wie sie selbst behandelt werden wollen. Daraus entsteht Überzeugungskraft und Einzigartigkeit – sprich **Servicelust**.

Bei Reklamationen diskutieren wir nicht mit unseren Gästen, sondern wir tauschen aus. Die Grenze der Gästebindung ist erreicht, wenn Gäste sich im Ton vergreifen.

Ratio kommt bei der wirtschaftlichen Sicht ins Spiel: Es geht darum, einerseits die Verweildauer so zu managen, dass wir den Tisch mehrfach besetzen können und darum, möglichst nicht vom Gast zum Tisch ge-rufen zu werden, sondern die richtigen Themen anzusprechen, d. h. aktiv zu verkaufen (das klein bisschen mehr), wenn die Mitarbeiter sowieso am Tisch sind. Wenn das Restaurant voll ist, dann geht es nur so und gleich-zeitig vermeiden wir, dass der Gast denkt: „Der/die nervt". Die Phase der Betreuung ist dabei besonders wichtig. Das heißt nachdem der Gast mit dem Essen angefangen hat, wird gefragt, ob alles in Ordnung ist, leere Gläser werden erkannt und dann wird aktiv verkauft. Das wirkt unauf-dringlich, bringt Zusatzumsatz und der Gast hat das Gefühlt, dass der Service aufmerksam war. Im Ergebnis als Beispiel: Wenn wir bei 500–1000 Gästen am Tag durch diese Aufmerksamt 200 Getränke mehr verkaufen x 3 € x 365 Tage, dann wird aus einer anfänglich kleinen Zahl ein entscheidender Faktor bei der Produktivität.

Der Gast, der zu **Hans im Glück** geht, soll kommunikativ sauber be-handelt werden, nicht zu kumpelhaft – auf Augenhöhe und auch nicht zu unterwürfig Dazu gehört aber auch, dass wir nicht alle Gäste duzen, sondern überlegen, für wen das passt. Beim Verkaufen hilft die digitale Speisekarte mit Abruf über QR Code und Gäste-Smartphone. Nicht denkbar ist in unserem Konzept, dass auch die Bestellung und Bezahlung vom Gast über das Smartphone ohne Mitarbeiter abgewickelt wird, weil wir dann die Emotionen verlieren."

Hans im Glück ist erfolgreich mit seinem **Added Value Opening** durch Emotionalisierung, analog zu den **Sales Excellences Leidenschaft** und **Produktlust.**

Emotionen schaffen auch hier wieder neue Bedarfe und Bedürfnisse und sie helfen, dass der Kunde (der Gast) nicht „auf den letzten Cent" schaut. Ein weiteres Beispiel für Erlebnis in der Gastronomie durch die Herzlichkeit im Serviceteam findet sich beispielhaft bei einem YouTube-Video zur Cerveceria Bonilla in Puerto de Huelva (Cosman, 2012). Das Team zeigt echte Freude über die Ankunft der Gäste.

Customer Centricity (siehe Buchteil I) bedeutet Aufwertung des Kunden (des Gastes), durch wertschätzende Ansprache im Service (auf Augenhöhe) und durch Respekt vor der Vielfalt der Gäste. Möglicherweise muss ein Tisch vor Ort einer anderen Persönlichkeit im Service zugeordnet werden, wenn es menschlich zwischen Gast und Mitarbeiter überhaupt nicht passt.

Verkaufseffizienz heißt in der Gastronomie: den Tisch mehrfach besetzen, d. h. die Aufenthaltsdauer zu managen und die Anzahl der Kontakte der Mitarbeiter am Tisch aktiv zu steuern. Die Verkäufer und Verkäuferinnen müssen dazu die richtigen Fragen stellen, wenn sie sowieso am Tisch sind. Im Ergebnis werden unnötige Wege vermieden. Das lässt sich sehr gut auf den klassischen Außendienst übertragen: Keine unnötigen Besuche, nur, weil der Kunde eine spontane Idee hat. Diese Idee sollte bereits beim letzten regulären Besuch erkannt werden.

Dieses Interview war auch ein Musterbeispiel für einen guten **Plan B**: Wenn der Verkauf in der stationären Gastronomie pandemiebedingt eingeschränkt bleibt, dann sieht ein kreativer Plan-B-Vertriebsweg wie folgt aus. Vanessa Wilkens: „Wenn der Gast nicht zu mir kommen darf oder mag, dann komme ich zum Gast, entlang des Küstenkanals und dort an die Lieblingsplätze der Gäste mit einem Gastronomieboot."

Die 5 Kontaktpunkte des Verführens sind deckungsgleich mit den Instrumenten des strukturierten Verkaufsgesprächs.

(1) Begrüßung = **Gesprächseinstieg**
(2) Beratung am Tisch = **Bedarfsanalyse**, **Nutzenargumentation** und **Customer Chair**
(3) Bedienen = eventuelle **Einwandbehandlung**, **konkreter Verbleib**
(4) Betreuung = **Customer Chair**
(5) Binden = **Added Value Opening**

Kurzum: Während jedes Restaurantbesuches sollten Gäste auch immer ein gutes und strukturiertes Verkaufsgespräch erleben dürfen.

5.4 Denken Sie an … Konzentration auf das Wesentliche

Gesprächspartner: Til Odenwald, Vertriebsleiter Gastronomie, Brauerei Dinkelacker-Schwabenbräu, Stuttgart

Til Odenwald

Die Erfahrung hat es gerade im Bereich der mittelständischen Brauereien gezeigt: Ein **Portfolio** kann gut sein – bis zur Grenze des Kundennutzens.

Til Odenwald: „Für uns als mittelständisches Unternehmen, das regional stark verwurzelt ist, ist der persönliche Kontakt zum Kunden, also zum Gastronomen, besonders wichtig. Die persönliche Ansprache, auch gerade durch die Außendienstmannschaft, ist unser Mehrwert für den Gastronomen. Der Verkäufer ist Problemlöser vor Ort, er spricht die Sprache seines Kunden und kennt sein Umfeld bestens."

„Umso wichtiger ist es daher, dass er oder sie sich auf wenige Produkte konzentrieren kann und nicht durch einen **Bauchladen** an Produkten gezwungen ist, unnötig ausladende Verkaufsgespräche zu führen. Diese Gespräche können am Ende nicht mehr strukturiert sein und geben dem Kunden das Gefühl, doch nicht mehr im Mittelpunkt des Interesses zu stehen. Daher heißt es für uns: „Konzentration auf das Wesentliche".

Weniger, dafür starke Marken im Portfolio, garantieren uns, den Gastronomen im Fokus zu behalten, die Konzentration auf den Nutzen der Gastronomie aufrecht zu halten, um so in eine echte **Win-Win Situation** zu kommen und am Ende erfolgreiche Verkaufsgespräche führen zu können.“

Unsere These dazu lautet: Überladen Sie ihre Verkäufer oder sich selbst nicht unnötig mit **zu viel Produktvielfalt.**

Denn die Gefahr ist, dass das Verkaufsgespräch über eine Vielzahl von Sollpunkten, die angesprochen werden müssen, zu einem fragebogenartigen Durchgangsschein mutiert und Themen angesprochen werden müssen, die in großen Teilen nicht mehr im Interesse des Kunden stehen.

Eine nützliche Rückversicherung, um zu überprüfen, ob zu viele „Sollpunkte" für ein Verkaufsgespräch vorgesehen sind, ist folgende Frage in der Vorbereitung: „Halte ich die innere Struktur der **Positivkette** in meinem geplanten Verkaufsgespräch aufrecht?"

Setzen Sie sich auf den **Customer Chair**, schlüpfen Sie also in die Rolle Ihres Kunden und stellen Sie sich die Frage, ob Sie die Aufmerksamkeit des Kunden über das gesamte Gespräch binden können oder ob Sie erkennbar eine Stelle eingebaut haben, die den Kunden thematisch mutmaßlich nicht interessiert. Seien Sie dabei bitte kritisch mit sich selbst und achten Sie auf eindeutige Indizien. Sie sollten bei der Vorbereitung der **Nutzenargumentation** erkennen, wann Ihre Argumentation schwach oder für den Zuhörer anstrengend formuliert ist. So können Sie verhindern, dass Sie den Kunden im **Verkaufsgespräch** verlieren.

5.5   Denken Sie an … Konzentration auf alles

Gesprächspartner: Maximilian von Morr, Geschäftsbereichsleiter Sales & Category Management, Fuchs GmbH &Co.KG, Dissen

Maximilian
von Morr

Die **Fuchs Gruppe** ist der größte deutsche Gewürzhersteller und weltweit das größte Gewürzunternehmen in privatem Besitz. Die Gewürzindustrie ist das zweitälteste Gewerbe der Welt.

„Mit unseren Gewürz- und Taste-Innovations-Marken wie Fuchs, Ostmann, Bamboo Garden oder Kattus sind wir führend am Markt und unseren Kunden aus dem (Lebensmittel-) Einzelhandel ein täglicher Begleiter.

Verkaufen heißt für uns immer auch Logistik und Regalpflege. Damit stellen wir dem Kunden ein Full-Service-Paket zur Verfügung. Die Verfügbarkeit aller Artikel steuert die Verkaufszahlen. Damit sind wir enorm abhängig von einer optimalen Warenverfügbarkeit. Die Einzelhändler vertrauen uns und unserem Service. Wir sprechen hier über Größenordnungen von beispielsweise 850 Artikeln pro Markt und 11.000 direkt belieferten Outlets. Da möchte sich die Einzelhändlerin oder der Einzelhändler idealerweise darauf verlassen können, dass es keine Lücken im Regal gibt bzw. er oder sie sich nicht darum kümmern muss. Wir kommen über die Zufriedenheit beim B2B-Kunden (und weniger über die Nachfrage durch den Endverbraucher). Eine hohe Zufriedenheit ist besonders relevant, weil wir auch viele „Langsamdreher" verkaufen. Wir fühlen uns für die Regale verantwortlich.

Unser derzeitiger Change ist komplex: In der Vergangenheit wurde einige Tage vor dem nächsten Außendienstbesuch Ware in den entsprechenden Markt geschickt. Die Menge bestimmte der Außendienst bereits beim Besuch zuvor. Der Außendienstmitarbeiter räumte dann die Ware beim Besuch vom Lager in das Regal. Zusätzlich mussten Regalumbauten und Aktionsverkäufe mit erledigt werden. Mit dieser Vorgehensweise hatten wir damit mehrere zentrale Aufgaben auf eine Person zentriert, also war in idealtypischer Weise das klassische Design eines Generalisten angesetzt.

Der Markt wird nun aber aktuell durch neue Player, Gewürzmischungen, Influencer, Hobby-Köche etc. agiler, sodass wir uns ebenfalls flexibler aufstellen werden. Insbesondere um dem Full-Service-Anspruch zukünftig gerecht zu werden. Durch zunehmende Komplexität, Wettbewerb, Eigenmarken und den Bedarf nach Emotionalisierung können wir zukünftig nicht mehr alle Aufgaben in einer Position bündeln, sondern wir werden mit Spezialisten arbeiten für a) Kundenbetreuung als Gebietsleitung für Verkauf/Beratung b) Disposition und Warenverräumung und die Pflege von Kundenbeziehungen sowie c) Ladenbau, d. h. Einrichtung der Regale. Hinzu kommen im Sinne einer ganzheitliche Betreuung Positionen im Innendienst (z. B. Backend Services im Bereich e-Commerce).

Trotz dieser **Modernisierung** setzen wir im Kern auf den physischen Besuch. Die Pflege von Kundenbeziehungen und das Verständnis von Stimmungen, Gestik und Mimik sind im persönlichen Verkaufsgespräch besser gestaltbar, als online. Der Retailer ist naturgemäß besser vor Ort am Regal zu überzeugen."

Wir haben mit Bedacht die **Sales Excellence „Konzentration auf alles"** direkt hinter der **Sales Excellence „Konzentration auf das Wesentliche"** platziert. Diese widersprechen sich unserer Ansicht nach nicht, sondern ergänzen sich.

Wie wir oben gelernt haben, ist die **„Konzentration auf alles"**, im Sinne einer Full-Service-Lösung für den Kunden nur möglich, wenn intern (im Vertrieb) die Kernaufgaben auf das Wesentliche zurückgeführt werden. Der hier beschriebene **Change** zahlt genau auf diesen Zusammenhang ein. Früher wurden viele Kernaufgaben von einem Mitarbeiter übernommen. Heute gilt für ein erfolgreiches Full-Service-Paket, die vertrieblichen Kernaufgaben von den logistischen, administrativen und der die Hardware bereitstellenden Aufgaben zu trennen und jeweils durch **Spezialisten** übernehmen zu lassen.

Damit ist **„Konzentration auf alles"** im Grunde **„Konzentration auf das Wesentliche 2.0."**

Das in vielen Vertriebsorganisationen zur Anwendung kommende klassische Design des vertrieblichen **Generalisten**, gehört also nach diesen Erfahrungen auf den Prüfstand gestellt.

Für den Verkäufer muss dabei zunächst klar sein, wer sein Kunde ist: Komme ich über die Nachfrage beim Endkunden oder über die Zufriedenheit beim Handel in die Gespräche? Ist also der Handel oder der Endkunde der reale Kunde? Im vorliegenden Fall geht es in erster Linie um den Handel, also um das B2B-Geschäft, was sehr bestimmte Eigenschaften aufweist und die Königsdisziplin im Verkauf darstellt. Zumeist stehen hinter dem erfolgreichsten Produkt im B2B auch die beste Beratung und der beste Verkauf – siehe auch **Sales Excellence „Wenn es kompliziert wird"** im Bereich Lebensversicherungen. Wer ist dort der Kunde? Der Makler oder der Endkunde?

Damit bedeutet Full-Service für den Kunden auch Full-Competence in allen Bereichen. Grundsätzlich ist diese Tendenz in vielen Branchen erkennbar und auch nachvollziehbar. Die Arbeit mit **Spezialisten**, z. B. durch die Trennung von Beratung bzw. Neukundengewinnung und Service bzw. Betreuung, kann in Abhängigkeit von Portfolio und Kundenart eine sinnvolle Strategie sein, sich am Markt zu differenzieren. Damit können folgende Vorteile verbunden sein, wie sie im vorliegenden Fall erkennbar sind: Während die Warenbestellung- und Warenverräumung einer gewissen Routine mit saisonalen Effekten unterliegt, sind Beratung, Verkauf und Umbauten anlassbezogen und lassen sich nicht in der gleichen Routine planen. Die unterschiedlichen Tätigkeiten entsprechen häufig den verschiedenen Stärken von Persönlichkeiten. Gleichzeitig sind die Tätigkeiten mit unterschiedlichen Qualifikationen und Gehaltsstrukturen verbunden. Die Herausforderung liegt in der Koordination und Führung der Mitarbeiter, da die Fläche und die Kunden von mehreren Personen bearbeitet werden, einhergehend mit einer klaren Kompetenztrennung der handelnden Personen.

Im Hinblick auf das **strukturierte Verkaufsgespräch** unterscheidet sich die Arbeit eines marktführenden Unternehmens im Streckengeschäft insofern, als dass der Full-Service der Vergangenheit häufig unter dem Radar des Handels als „Selbstverständlichkeit" erfolgt ist. Termine wurden nur selten bei Regalabsprachen oder Umbauten gemacht. Die Warenbestellung und Warenverräumung erfolgen ohne Terminabsprache. Für den Verkauf haben die ständige **Bedarfsanalyse** und **Nutzenargumentation** eine große Bedeutung. Aber auch die **Einwandbehandlung**, weil der Full-Service-Gedanke sehr viel mehr verschiedene Kontaktpunkte mit dem Kunden ergibt. Der Verkäufer kann also durch diverse Add-on-Themen, die der Full-Service mit sich bringt, einerseits mit einer Nutzenargumentation brillieren andererseits zusätzlich mit Einwänden konfrontiert werden. Es bietet sich damit eine laufende Zusammenfassung aller latent vorhandenen Einwände an, die in einem Vertriebsmeeting zum Training der **Einwandbehandlung** genutzt werden kann (siehe auch Kap. 10 Training des Verkaufsgesprächs).

5.6   Denken Sie an … Change

Beef meets Veggie – der Nachhaltigkeit Tribut zollen
Gesprächspartner: Andreas Schweiger (Foto links), Geschäftsleiter Vertrieb und Dimitrij Bürger (Foto rechts), Vertrieb national/international Müller Fleisch GmbH, Pforzheim

Andreas   Dimitrij
Schweiger   Bürger

Andreas Schweiger: „Wir als **Fleischproduzenten** sind tagtäglich in einem echten Spannungsfeld unterwegs. Das Thema Fleisch essen oder auf Fleisch verzichten, ist in unserer Gesellschaft mittlerweile latent vorhanden und wird laufend diskutiert. Auf der einen Seite sind da die Menschen, die aus den verschiedensten Gründen auf den Verzehr von Fleisch verzichten, auf der anderen Seite Menschen, für die Fleisch ein mehr oder weniger wichtiger Bestandteil ihrer Ernährung ist."

Das alleine beschreibt noch nicht den gesellschaftlichen Konflikt, der beginnt, wo dogmatische, beinahe weltanschauliche Positionen hinzukommen.

Dimitrij Bürger: „Da sind dann die Menschen, die sich für die „Guten" halten und Fleischkonsumenten verachten. Oder die, die gerne der Fleischeslust frönen und die andere Seite schnöde unter dem Begriff „Ökos" subsumieren."

Auch für den vertrieblichen Gedanken ist es bisher ein schier unlösbares Problem, diesen Konflikt unter einen Hut zu bekommen. Warum eigentlich?

Warum sollte der Top-Verkäufer oder gleich die professionelle Vertriebsorganisation, nicht in der Lage sein, erkannte Spannungsfelder als neue Geschäftsfelder zu nutzen?

Und siehe da, es gibt einen Trend, der es auf jeden Fall wert ist, verfolgt zu werden: Seit Herbst 2021 werden im deutschen Handel erstmals unter der Überschrift „Less-Meat" Produkte angeboten, die neben einem Fleischanteil direkt einen Gemüseanteil beinhalten. Also keine Convenience-Produkte, sondern Hackfleisch, das direkt mit einem Gemüseanteil gemischt wird. Das ist eine wirkliche Innovation, die zudem unter den höchsten Hygienevorschriften weltweit stattfindet. Wir wurden also Zeuge eines gerade anlaufenden Feldversuchs. Dieser fällt zusätzlich noch in einen Zeitraum weiterer massiver Veränderungen, ausgelöst durch neue Vorgaben in der Landwirtschaft und Initiativen zu verbesserten Haltungsformen. Somit betritt die gesamte Branche an vielen Stellen völliges Neuland. Die dargestellten Veränderungen werden zusätzlich hohe Investitionen nach sich ziehen, was natürlich Stress bedeutet, wenn über Preismaßnahmen mit den Kunden gesprochen werden muss oder es für das Unternehmen bedeutet, in ein großes Obligo zu gehen. Daher wird dieser **Change** für alle Beteiligten nicht einfach werden. Er wird die Ratio und die Emotion gleichermaßen beschäftigen.

Da die Ernährungstrends nicht umkehrbar sein werden, gilt es die Chancen darin zu erkennen. Andreas Schweiger: „Da wird der eine oder andere Beteiligte definitiv seine über Jahre gepflegte Komfortzone verlassen müssen. Das wird spannend."

Beef meets Veggie, oder: das eine tun, ohne das andere zu lassen. Dieser Aphorismus beschreibt die Lernkurve, die es gerade auf der vertrieblichen Seite abzubilden gilt. **Beef meets Veggie** ist nur ein Beispiel für den Megatrend „Nachhaltigkeit", den viele Branchen in irgendeiner Weise reflektieren und umsetzen müssen.

So auch die deutschen Automobilkonzerne: Sie haben sich schwergetan, vom geliebten Verbrennungsmotor kommend, anders und neu zu denken.

Zunächst wurde viel Zeit und Energie aufgewendet, um dafür Rechtfertigungen zu konstruieren, dass elektrisch betriebene Fahrzeuge keine wirkliche Zukunft haben. Erst die davonziehende amerikanische und fernöstliche Konkurrenz hat das Umdenken bewirkt. Es gibt in der Zwischenzeit wettbewerbsfähige deutsche E-Fahrzeuge auf dem Markt – und es gibt den Verbrennungsmotor immer noch. Der Grundsatz „Das eine tun, ohne das andere zu lassen" hat 2020/2021 zu einer umsatz- und ertragreichen Zeit in der Branche geführt.

Verkäufer müssen also auch in der Lage sein, zukünftige Bedarfe beim Kunden zumindest gedanklich anzustoßen (siehe auch Added Value Opening, Abschn. 2.10)

Added Value Opening als Chance für das Neugeschäft sollte der Verkäufer professionell umsetzen, indem er seine Nutzenargumentation auf der „klassischen Seite" aufräumt, also Platz schafft, um ein neues Mehrwertthema in seine Sales-Pipeline aufzunehmen. Denn wie wir in Buchteil I bereits dargestellt haben, kann es kontraproduktiv werden, das Verkaufsgespräch zeitlich zu überfrachten, mag das zusätzliche Thema auch noch so lohnend sein.

Und noch ein weiterer Aspekt spielt mehr und mehr eine Rolle: Die „Komfortzone verlassen" bedeutet, sich von bekanntem Denken und Tun zu verabschieden und sich für etwas Neues zu öffnen bzw. öffnen zu müssen. Damit begeben Sie sich mental in eine Unsicherheit. Das macht dem Kopf Stress.

Die Instrumente des **strukturierten Verkaufsgesprächs** können hier helfen, Orientierung in der Gestaltung eines **Change** zu geben. Wenn ich als Verkäufer mein Handwerkszeug beherrsche, werde ich mich schneller und sicherer in jeder Change-Phase bewegen. Die Instrumente sind das verkäuferisches Fundament, um Change aktiv zu gestalten.

5.7   Denken Sie an … Kundenbindung (Teil 1): Für den Kunden vernetzen

Gesprächspartner: Olaf Tittel, Medienberater, Bremer Tageszeitungen AG (WESER-KURIER), Bremen

Olaf Tittel

Zunächst beginnen wir mit einer historischen Betrachtung der Realität in **dieser Sales Excellence**: Der Werbekunde hat eine tief verankerte Vorstellung von traditionellem Anzeigenverkauf via **Tageszeitung.**

Olaf Tittel: „Früher war das so: Da kommt die Frau oder der Mann von der Zeitung, macht mal alle Platz!" Mit dem Aufkommen digitaler Werbemöglichkeiten änderte sich das Meinungsbild gravierend. Die Tageszeitung hatte bei der Auswahl der Werbeträger an Bedeutung verloren und war gefühlt old school.

„Diese Phase haben wir zunächst schmerzhaft erleben müssen. Umsätze brachen ein, Restrukturierungen ganzer Vertriebseinheiten in großen Tageszeitungen waren die Folge. Mittlerweile haben wir gelernt und den **Change** erfolgreich installiert. Heute bieten wir dem Kunden erheblichen Added Value, also Zusatznutzen. Wir sind dann erfolgreich, wenn wir es schaffen, traditionelle Denkweisen beim Kunden aufzubrechen, indem wir Werbekunden die Möglichkeiten aufzeigen, die wir als Medienberater bieten können: Verknüpfung der klassischen Printbuchung mit z. B. Radiowerbung, Display Advertising, Google AdWords, Facebook, Werbemittel auf Fahrrädern, TV-Werbung oder Vermittlung weiterer Dienstleistungen wie z. B. die Erstellung des kompletten Internetauftritts des Kunden. Wir sind die **Vernetzer** des Kunden. Wir vernetzen seinen Werbeauftritt."

Alles aus einer (Profi-) Hand kann ein erfolgreiches und differenzierendes Credo für den Verkauf sein. Gerade bei Themen, die der Kunde möglicherweise nicht komplett beherrscht, oder die auf seiner Prioritätenliste in der täglichen Praxis nicht ganz weit oben rangieren, kann es lohnend sein, genau diese Themenfelder für den Kunden zu übernehmen. In der dargestellten **Sales Excellence** geht es um den häufig regionalen Werbeauftritt der Kunden. Um ein auch nur annähernd akzeptables Resultat zu erzielen, nämlich die notwendige Aufmerksamkeit bestehender und prospektiver Kunden zu erzielen, müsste der Kunde umfangreichen monetären und zeitlichen Aufwand einsetzen und würde damit seine Kernkompetenzen möglicherweise vernachlässigen. Indem Sie aber als Dienstleister für den Kunden vernetzen, kann dieser sich auf das Wesentliche fokussieren.

Die Aussage in der verkäuferischen Argumentation zum **Zeitmanagement** kann dann lauten: Lieber Kunde, liebe Kundin, kümmern

Sie sich um Ihre Kernkompetenzen und lassen Sie die Profis die (wichtigen) Nebengeräusche bearbeiten.

Bedarfe des Kunden kennen und Bedarfe schaffen, ist das Ziel, dass sich Olaf Tittel in seiner verkäuferischen Praxis setzt: „Sich immer wieder auf den Stuhl des Kunden zu setzen, sein gesamtes (Werbe-)Universum zu verstehen, zu analysieren und zu optimieren. Das ist die Challenge."

Somit ist das fein abgestimmte Zusammenspiel aller Instrumente des **strukturierten Verkaufsgesprächs** erfolgskritisch. Gerade wenn der Verkäufer eine umfängliche Dienstleistung anbietet, deren Nutzen dem Kunden möglicherweise nicht auf Anhieb klar ist (klar sein kann), dann sind alle Instrumente wichtig. Es darf keinen Bruch geben, an dem ein Kunde das Interesse verliert. Das Ziel ist, eine **Positivkette** ohne Unterbrechung zu erzeugen und die Aufmerksamkeit des Kunden bis zum **Added Value Opening** zu binden, um dann die zusatznutzbringenden Möglichkeiten, die der Kunde noch gar nicht kennt, feindosiert darzustellen.

5.8   Denken Sie an … Kundenbindung (Teil 2): Den Kunden ausbilden

Gesprächspartner: Volker Uhlemann (Foto links), Spartenleiter Lizenz-kulturen und Soenke Koop (Foto rechts), Crop-Manager Hybridgetreide, Saaten-Union GmbH, Isernhagen

Volker Uhlemann   Sönke Koop

„Wir sind der einzige (Fast-)Vollsortimenter im Markt der **Saatgut-produzenten** und **Pflanzenzüchter** und als Mittelständler im besten Sinne agrargeprägt.“

Volker Uhlemann: „Alle Gesellschafter der **SU** haben Erdgeruch, kommen von der Scholle, was für den Kunden (Landhandel, Landwirt etc.) ein traditionelles und gewichtiges Argument ist.“

Die Mitarbeiter im Vertrieb der SU haben in aller Regel einen land-wirtschaftlichen Hintergrund und sind zum Teil selbst noch eingebunden in einen landwirtschaftlichen Betrieb. Das erzeugt ein hohes Maß an Authentizität d. h. Echtheit und damit in der Folge Glaubwürdigkeit.

Sönke Koop: „Was wir anstreben ist Marktreputation. Also der von uns gut ausgebildete und informierte Kunde, der die fachliche Expertise der **Saaten-Union** am Markt anerkennt und daher unsere Produkte be-zieht. Wir haben nicht nur eine Lösung für eine spezifische Anforderung, sondern wir diskutieren mit dem Kunden alle für ihn relevanten fach-lichen Themen auf Ballhöhe.“

Aus diesem Selbstverständnis heraus investiert die **Saaten-Union** ver-stärkt in Feldtage, bei denen die „fertige“ Pflanze durch die potenziellen

Kunden begutachtet und vor allem physisch angefasst werden kann. Durch Symposien, das auf den Kunden ausgerichtete Produktmanagement und über einen beratungsstarken Vertriebsaußendienst erzielen wir gemeinsam mit den Kunden die beste Lösung für seine Themen."

In dieser **Sales Excellence** geht es um Zusatznutzen durch eine professionelle Anwendungsberatung und **Ausbildung**. Die Beratung setzt eine hohe fachliche Kompetenz der Vertriebsmitarbeiter und der unterstützenden Organisation voraus. Ist diese Professionalität vorhanden, dann zeigt das Beispiel der **Saaten-Union**, wie sich Unternehmen am Markt gegenüber multinationalen Konzernen behaupten können, indem ein hohes Maß an Kundenbindung durch eine professionelle Anwendungsberatung erzeugt wird.

Wenn ein verkaufendes Unternehmen investiert, um seine Kunden auszubilden, dann sollte es ein ungeschriebenes Gesetz sein, dass der Kunde die Produkte und Dienstleistungen auch genau dort bezieht.

Ein vergleichbares Beispiel findet sich in der **Sales Excellence** „Wenn´s kompliziert wird: Screening".

Allerdings: Es besteht die latente Gefahr, dass sich Verkäufer ausschließlich auf ihre fachliche Kompetenz verlassen. Damit ist die Idee des **Customer Chairs** bedroht, da der Verkäufer erfahrungsgemäß dazu neigt, sich auf die fachlichen Argumente zu fokussieren, deren Funktionalität er selbst erlebt hat. Die Anwendungsberatung kann also den Verkäufer in einem gewissen Maße korrumpieren, wenn er oder sie sich hinter der fachlichen Expertise versteckt und den Kunden und seine Bedürfnisse dabei aus dem Auge verliert.

Um dem vorzubeugen, steht der **konkrete Verbleib** im Fokus. Mit dem Kunden verabredete Ziele müssen deutlich kommuniziert und dokumentiert werden. Maßnahmen zur Umsetzung sind vor allem hinsichtlich Produktverfügbarkeit und Termintreue präzise nachzuverfolgen. Eine zusätzliche Notwendigkeit ist die hohe Anwendungssicherheit im Instrument der **Einwandbehandlung**. Denn immer da, wo das Fachliche einen hohen Stellenwert erhält, ist sicherzustellen, dass die Einwände des Kunden nicht überhört oder abgetan werden. Wir erinnern an die Gefahr des **Nutzen-Duschen-Monologs** aus Buchteil I.

In diesem Zusammenhang geht es auch darum, dass Sie sich als Verkäufer vor der „Ja-aber-Argumentation" schützen (siehe Abschn. 2.8 **Einwandbehandlung**). Die Gefahr bei dieser zu vermeidenden Argumentation ist nicht nur die singuläre Negation der Meinung des Kunden, sondern die Absage an seine gesamte Persönlichkeit. Was können Sie als Verkäufer also tun, um nicht in die Falle dieser tragischen Art der Kommunikation zu geraten? Der wirkungsvollste Schutz gegen die „Ja-aber-Argumentation" ist das Setzen eines **Reminders** auf der **schriftlichen Vorbereitung** des Verkaufsgesprächs oder der Verkaufsunterlage.

Zu dieser wichtigen Erkenntnis können Sie insbesondere durch Feedback von außen kommen, also durch den Input eines Coaches, Vorgesetzten, von Kollegen, etc.

Unser Credo lautet: Vernachlässigen Sie bitte nicht das Training und damit die Anwendung der Instrumente des **strukturierten Verkaufsgesprächs** zu (Un-)Gunsten der fachlichen Expertise.

5.9   Denken Sie an … Kundenbindung (Teil 3): Customer Journey

Gesprächspartner: Christian Jenner, Geschäftsführer, **Nowy Styl Deutschland GmbH, Steyerberg**

Christian Jenner

„Um sich als **internationaler Büromöbelhersteller** in einem umkämpften Markt zu behaupten, setzen wir die **Customer-Journey-Idee** jeden Tag in die Praxis um. Unser Ziel ist dabei: Verkauf von Konzepten statt Einzelprodukten sowie langfristige Bindung des Kunden und damit Mehrwert im Vertrieb.

Der Prozess der **Customer Journey** beginnt bei uns mit der umfänglichen und möglichst präzisen Bedarfserfassung beim Kunden. Daraus ergeben sich kundenspezifische Lösungen, die in der Verbindung mit fachlicher Beratung auf jeden Kunden individuell abgestimmte Prozesse und Konzepte mit Zusatznutzen wie z. B.:

* Individuelle Beratung in Funktion/Einsatz/Büro-Arbeitsplatz-Konzept
* Produkt-Individualisierung
* Logistikkonzepte je nach Kunden-Betriebsstätten-Struktur
* Abwicklung (z. B. über Bestellportale/geschützte Webshops/direkte EDV-Anbindung)

Der Kunde steht also immer im Fokus im Sinne der Customer Centricity."

Die Dynamik der Customer Journey zeigt sich in der spontan auf einem Flipchart erstellten Zeichnung (Abb. 5.1) von Christian Jenner, die diese authentisch wiedergibt.

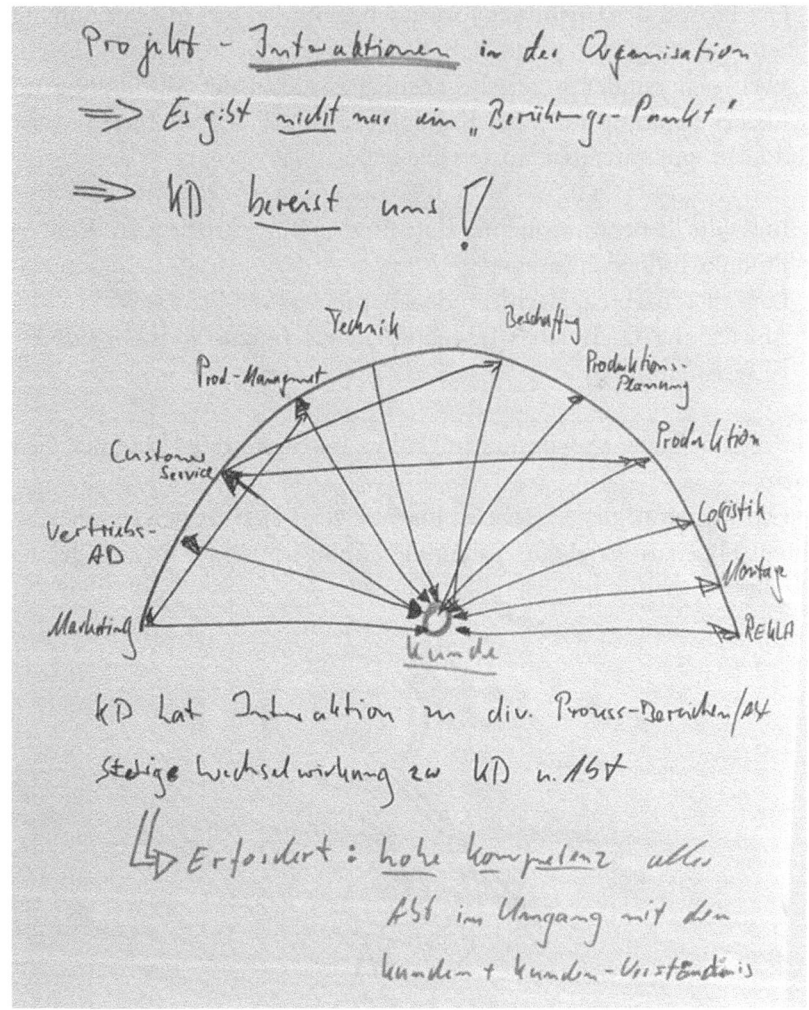

Abb. 5.1 Dynamik der Customer Journey, Quelle: Christian Jenner

Das Credo des **Customer-Journey-Ansatzes** lässt sich wie folgt zusammenfassen: „Nehmen Sie Ihren Kunden mit auf (s)eine Reise."

Damit wird dieser Ansatz zu einer einzigartigen Chance, um aus einem latenten ein noch effektiveres **Verkaufsgespräch** zu machen. Während der Kunde seinen Lieferanten bildhaft „bereist", ergeben sich zwangs-läufig ständig Möglichkeiten, weiter und mehr zu verkaufen.

Von zentraler Bedeutung für eine erfolgreichen **Customer Journey** ist erneut die **Bedarfsanalyse**, immer in Verbindung mit einem verankerten und damit erkennbaren **Customer-Chair**-Gedanken.

Die Gefahr von Folgefehlern besteht, wenn diese **Bedarfsanalyse** falsch interpretiert in die Organisation entlassen wird. In diesem Fall haben dann alle anderen intern beteiligten Abteilungen einen fehler-haften Input. Daraus ergeben sich unweigerlich weitere Fehler, die in der Kommunikation mit dem Kunden nur sehr mühsam wieder repariert werden können. Das Endergebnis könnte dann sein, dass der Kunde sich missverstanden fühlt und konsequenterweise einen anderen Partner wählt. Absolut erfolgskritisch ist also eine und von allen Beteiligten ak-zeptierte und eindeutig definierte Rollenverteilung auf Basis der not-wendigen und vorhandenen Kompetenzen je Rolle.

5.10   Denken Sie an … Spaß am Gewinn

Gesprächspartner: Norbert de Wall, Relationship-Manager Privatkunden, Bankhaus Neelmeyer, Bremen, Leer (Ostfriesland)

Norbert deWall

„Geld soll **Spaß** machen, gerade dann, wenn für uns als **Bankhaus** mit einem hervorragenden Ruf, der Kunde vorwiegend Privatperson ist. Der Verkäufer hat es also üblicherweise mit Menschen zu tun, die Ihre Gelder und Ersparnisse in vertrauensvollen Händen wissen wollen." Originalton Norbert de Wall

Es geht um eine Freude, die aus der Betrachtung und aus dem Nachvollziehen der Entwicklung einer persönlichen Geldanlage entsteht und zwar über Wochen, Monate und unter Umständen über Jahre. Freude bedeutet in diesem Sinne: Nachvollziehbarkeit, Sicherheit bei einem Produkt, das verständlich zu erklären ist, dessen Strategie nachvollziehbar ist, ohne kryptische Nebenabreden.

Was der Kunde nicht versteht, macht ihm keine Freude. Geld macht also dann **Spaß**, wenn ganz klar ist, was der Kunde will und vor allem, was er nicht will.

Dieser Fakt lässt sich auf viele Branchen übertragen: Stellen Sie sicher, dass Ihr Kunde **Spaß** hat. Spaß im beschriebenen Sinne fördert **Vertrauen**. Vertrauen ist wiederum die Grundlage jeder **Kundenbindung**.

Die **Bedarfsanalyse** in Verbindung mit dem **Customer Chair** sind notwendige Bestandteile dieser **Sales Excellence**, die exemplarisch für den Bereich B2C steht. Der Privatkunde will mit einer umfänglichen **Bedarfsanalyse** „abgeholt" werden:

> „Lieber Kunde, wie sieht Ihre persönliche Situation präzise aus, was ist Ihr Ziel in x Jahren und was ist aus Ihrer Sicht zu beachten, wenn wir Ihre Ziele umsetzen wollen?"

Beim **Customer Chair** geht es um wirkliches Verstehen statt subjektiver Interpretation, basierend auf der umfänglichen, anwendungssicheren handwerklichen Fähigkeit der Verständnisquittung: „Liebe Kundin, habe ich Sie richtig verstanden, dass…?" oder „Ist es Ihnen in jedem Falle wichtig, dass…?". Somit entsteht die Grundlage einer vertrauensvollen

Kunde-Verkäufer-Beziehung im B2C-Bereich: Es bringt den erwünschten **Spaß** in die Zusammenarbeit und der Verkäufer initiiert die erfolgreiche **Customer Journey** mit dem Endkunden. Diese gemeinsame Reise bedeutet dann ein hohes Maß an **Kundenbindung.**

Interessant ist der Zusammenhang, dass die klassischen Verkaufsinstrumente und Ansätze aus der **Sales Toolbox** wie **Bedarfsanalyse** und **Customer Chair** stark mit dem physischen Verkaufsgespräch korrelieren. Norbert de Wall: „Meine Verkaufsgespräche sind während der Corona-Pandemie zu rund 90 % physisch angelegt sind, meist als Vieraugengespräch."

Benutzt der Endkunde eine Online-Plattform, um seine Produkte zu erwerben, dann ist die **Bedarfsanalyse** (falls überhaupt vorhanden) sehr schematisch und eher technisch orientiert. Der **Customer Chair** im engeren Sinne findet nicht statt. Die notwendige Differenzierung zwischen dem Nutzen eines Verkäufers als Daseinsberechtigung und der Grundidee im Online-Verkauf wurde bereits im Buchteil I angesprochen.

5.11 Denken Sie an … Transparenz und Verlässlichkeit

Gesprächspartner: Thomas M. Henseler (Foto links), Geschäftsführer Vertrieb International und Frank Uhlhorn (Foto rechts), Leiter Vertriebsinnendienst, Heidemark GmbH, Ahlhorn

Frank Uhlhorn   Thomas M Henseler

„Wir sind als **Fleischproduzent** europäischer Marktführer im Bereich Putenfleisch. Wir geben die höchsten Standards im Bereich Tierhaltung vor. Zudem sind wir die Benchmark für garantierten, höchsten Verbraucherschutz und maximal sichere Prozesse und Produkte.

Außerdem sind wir ein **Familienunternehmen** im besten Sinne des Wortes. Uns prägen kurze Entscheidungswege. Diese kurzen Wege im Unternehmen führen auch dazu, dass Kunden nicht in Warteschleifen hängen bleiben, oder von Sachbearbeiter zu Sachbearbeiter vertröstet werden, sondern sich mit einem Ansprechpartner, mit der notwendigen Entscheidungskompetenz, auseinandersetzen können.

Intern wie im Umgang mit den Kunden, achten wir auf einen verbindlichen und wertschätzenden Umgangston. Es gilt das gesprochene Wort zu jeder Zeit. Damit sind Transparenz und Verlässlichkeit für uns keine hohlen Phrasen, sondern gelebte Werte."

Frank Uhlhorn: „Wir sehen es als unsere Pflicht an, den Kunden bezüglich Markttendenzen, Produkten, Tierwohl etc. zu informieren. Der Kunde soll merken, dass wir ein offenes Buch für Ihn sind!"

Daraus ergeben sich zwei wesentliche Aussagen für den Praxistransfer:

(1) Informieren Sie Ihre Kunden. Seien Sie stets erkennbar als Taktgeber. Kommunizieren Sie einmal mehr als bisher.

(2) Bündeln Sie Kompetenzen, damit Kunden mit Ihren Fragen und Anliegen nicht durch die Organisation geschickt werden, denn das würde sicher nicht zu einer vertrauensvollen Zusammenarbeit beitragen und auch keinen **Spaß** „machen". Wir empfehlen Ihnen, **Zuständigkeiten** im Sinne von Sach- und Entscheidungskompetenz sicherzustellen.

Thomas Henseler: „Was uns im Vertrieb erfolgreich werden lässt, lässt sich analog sehr gut mit dem Beispiel eines Eiskunstläufers erklären. In dieser Sportart gibt es einen Pflichtteil und eine Kür. Für uns gilt, die Pflicht ist die Vorbereitung auf das Verkaufsgespräch. Je besser und je intensiver ich mich auf ein Verkaufsgespräch vorbereite und je mehr ich Sparringspartner im Vorfeld nutzen kann, desto erfolgreicher wird das Gespräch sein. Ohne Pflicht gibt es keine Kür, weil die Grundlage fehlt. Die Kür basiert dann auf unserer Überzeugung, nicht nur formal Marktführer zu sein, sondern als solcher auch auftreten zu wollen. Unser Marktanteil mit über 50 % beinhaltet sozusagen einen natürlichen Informationsvorsprung. Das versetzt uns in die Lage, auch in der Argumentation der Verkaufsgespräche künftige Entwicklungen zu antizipieren. Zu unserem Nutzen und zum Nutzen des Kunden, mit dem wir die zukünftigen Tendenzen im Markt offen diskutieren."

Diskutieren heißt hier, bewusst nicht in einen **Nutzen-Duschen-Monolog** abzudriften, sondern die Meinung des Kunden wirklich zu hören und zu quittieren (Customer Chair).

Thomas Henseler: „So bekommt der Kunde von uns am Ende nicht nur die beste Ware, sondern einen Zusatznutzen, die ihn besser planen und seine eigenen Strategien besser umsetzen lässt."

Frank Uhlhorn: „Emphatische **Gesprächseinstiege** spielen in unserer Branche für das Vertrauensverhältnis zu den Kunden eine enorme Rolle. Hier ist gemeint, sich auch einmal Zeit zu nehmen, und durchaus auch private Themen anzusprechen."

Thomas Henseler: „Das ist im Kontakt mit den großen deutschen Handelshäusern weniger ausgeprägt, dafür bei den Kunden auf der Weiterverarbeitungsebene umso wichtiger. Hier werden zum Teil jahrelange Lieferanten-Kunden-Verhältnisse gepflegt, in denen durchaus der private Blick eine Rolle für die folgende Atmosphäre des Verkaufsgesprächs darstellt. Dieser Umstand greift ebenfalls bei ausländischen Kunden. Gerade im angelsächsischen Raum wird der Small Talk geradezu zu einer Kunstform erhoben."

Diese Vorgehensweise beim **Gesprächseinstieg** ist aus unserer Sicht kein Widerspruch zu unseren Hinweisen in Buchteil I, denn wir sprechen hier nicht über ein allgemeines „Wie geht's?", sondern über eine Methode, bei bestehenden, bekannten bzw. speziellen Kundenbeziehungen. Wichtig ist, dass auch hier die Überleitung zur Bedarfsanalyse rechtzeitig erfolgt und relevante Inhalte aus dem Small Talk eingearbeitet werden.

5.12   Denken Sie an … Digitales Wissen

Kennt Ihr Verkäufer den Kunden?
Gesprächspartner: Uwe Albershardt, Vorstand Team Beverage, Bremen

Uwe Albershardt

„Wir sind die marktführende Einkaufs-, Distributions-, Vermark-
tungs- und Dienstleistungsplattform für die Getränkebranche in
Deutschland. Für den Vertrieb in Getränkeindustrie, Großhandel,
Einzelhandel, Outlets im Convenience-Bereich und die Gastronomie
entwickeln wir bedarfsgerechte Lösungen. Und genau in dieser Formulierung spiegelt sich unsere Mission für die Verkäuferinnen und Verkäufer
in unserem Bereich wieder, die von uns profitieren sollen: Bedarfs-
gerechtes **Kundenwissen**.

Damit wollen wir erreichen, dass Verkäufer den Kunden nicht nur
physisch, sondern auch wirtschaftlich **kennt** und passgenau mit dem
Kunden reden kann, über was sich zu reden lohnt."

In der Vergangenheit (und teilweise wieder in der Gegenwart), sind
Vertriebsteams mit viel zu vielen nicht erfolgsrelevanten Tätigkeiten und
Informationen unterwegs gewesen. Mehr noch, trotz **Digitalisierung**
oder gerade deswegen, ist der Trend zu administrativen Tätigkeiten signi-
fikant gestiegen. Es ist klar, dass in gewissem Maße administrative Tätigkeiten immer einen Anteil an der Arbeitszeit von Verkäufern haben,
schließlich müssen Verkäufer ihre Tätigkeiten dokumentieren. Es gilt jedoch, diese Arbeit auf möglichst niedrigem Level zu halten, damit am
Ende Zeit für das Wesentliche bleibt: Vorbereitung und Durchführung
von professionellen, **strukturierten Verkaufsgesprächen**.

Uwe Albershardt: „Wir setzen mit unseren interaktiven **digitalen**
Reportings genau hier an: Der Verkäufer soll für die richtigen, d. h. be-
darfsgerechten Daten, die er für sein Verkaufsgespräch braucht
(Kunden-Stammdaten, Absatz-/Umsatzzahlen, Wettbewerbszahlen, Lis-

tungspotenziale) keine endlos lange Suche in kryptischen Zahlenkolonnen starten. Die Daten, die er wirklich benötigt, müssen auf Knopfdruck und in Echtzeit grafisch aufbereitet zur Verfügung stehen. Und
auch wirklich nur diese."

Die Bedeutung der „richtigen" Zahlen steigt mit dem Umfang und der
Komplexität der Produkte und Dienstleistungen, die heute verkauft werden müssen, auch um die Effizienz eines Kundenbesuchs zu steigern und
um den Vertrieb zu steuern.

Auch unsere Praxiserfahrung bestätigt eindrücklich, was Uwe Albershardt zuvor beschreibt. Vertriebe und deren Verkäufer haben viele nicht
relevante, meist administrative Aufgaben zu erfüllen. Das betrifft (fast)
alle Branchen. Und dieser Trend zeigt in die falsche Richtung. Die zu
nutzenden CRM-Systeme sollen die Verkäufer eigentlich unterstützen,
häufig blockieren sie jedoch einen Großteil seiner Arbeitszeit. Für den
notwendigen **Praxistransfer** nutzen wir die aus Buchteil I bekannte
Struktur – Ist -> Ziel –> Weg:

Ist Es muss klar sein, wie sich das wirtschaftliche Verhältnis zwischen Kunde und Verkäufer tatsächlich darstellt und zwar in einfachen Zusammenhängen und damit in verständlichen und vor allem leicht zu erzeugenden Zahlenwerken, Maßnahmenhistorien sowie Aktivitätenplanungen. Im Handel mit Getränken gehören zur wirtschaftlichen Analyse nicht nur die Differenz zwischen Einkaufs- und Verkaufspreis, sondern die Auswertung der Kosten für Logistik, Bestellung und Faktura. Bestellt der Kunde digital? Wie ist der Bestellvorlauf? Wie oft werden welche Mengen wie angeliefert?

Ziel Aufgrund der Ist-Analyse kann der Verkäufer bereits in seiner Vorbereitung definieren, was seine Ziele im strukturierten Verkaufsgespräch sein werden und sicherstellen, dass diese Ziele kompatibel mit denen des Kunden sind.

Weg Auf der Basis von Kundenwissen wird der Verkäufer bzw. die Verkäuferin zum Problemlöser (für den Kunden und das eigene Unternehmen), zum Fachmann/-Frau, zum Initiator von Maßnahmen, die sowohl das Kundenziel und damit das eigene Ziel in die Praxis umsetzen.

Das zusammen stellt sicher, dass Kunde und Verkäufer wirklich über das gleiche Thema reden und ebnet so den Weg für eine **Win-Win**-Situation im **strukturierten Verkaufsgespräch**. Letztlich geht es auch darum, einen **fairen** Preis durchzusetzen, der die gewünschten (Zusatz-)Leistungen berücksichtigt.

Die in dieser **Sales Excellence** angestellte Analyse und die getroffenen Aussagen dazu, werden idealtypisch unterfüttert durch die **Sales Excellences 4 + 5** (**Konzentration auf das Wesentliche** und **Konzentration auf alles**). Konzentration statt Generalisierung ist als wünschenswerter Trend eindeutig erkennbar und für viele Unternehmen auch theoretisch bereits vorgedacht. Der dazugehörigen **Change** in der Praxis hat gerade begonnen und es wird spannend sein, diese Feldversuche in den nächsten Jahren zu beobachten und deren praktische Wirksamkeit festzustellen.

Wir formulieren dazu ein Credo: **Vorbereitung** und nochmals Vorbereitung.

Früher wurde oft der Satz bemüht: „Eine gute Vorbereitung macht 90 % des Erfolges aus."

In der immer schneller werden Welt des Vertriebs ist diese Zahl sicher nicht mehr in Stein gemeißelt. Manchmal mag der Anteil unter dieser Marke liegen – bei großen und komplexen Kunden (Key Accounts) kann der Wert tatsächlich noch höher liegen.

Ohne eine perfekte Vorbereitung auf der fachlichen Seite entsteht Unsicherheit, faktisch werden **Folgefehler** produziert, die im besten Fall zu Missverständnissen im schlechtesten Fall zum Abbruch der Kunden-Verkäufer-Beziehung führen, weil der Kunde das **Vertrauen** verliert.

Es geht also ganzheitlich gedacht um den **Think Tank**, um die **Denk-Fabrik** (siehe Buchteil I), die Sie im Vorfeld jedes Verkaufsgesprächs eingeschaltet haben sollten. Das hier skizzierte Beispiel ist erfreulicherweise darauf angelegt, die Wirkung des Verkäufers zu intensivieren, indem unnötiger (Zahlen-)Ballast reduziert wird. Es ist somit eine Gegenmaßnahme zum oben geschilderten „Zu viel" an Daten. Das ist unseres Erachtens die richtige Richtung.

Abschließend möchten wir folgenden Reminder platzieren: Vergessen Sie bitte nicht (neben einer notwendigen fachlich-sachlichen Vorbereitung) die persönliche Vorbereitung, also die Anteile des **Customer Chairs**. Ihnen gegenüber sitzt ein Mensch und kein Computer.

5.13   Denken Sie an … Screening

Strategische Partnerauswahl statt Gießkannenprinzip
Gesprächspartner: Heinz Ader, Leiter Vertriebsdirektion Württembergische Vertriebspartner GmbH, Vertriebsgesellschaft der Wüstenrot&Württembergische AG, Stuttgart

Heinz Ader

„Wir wollen eine planbare, kalkulierbare und damit verbindliche Geschäftsbeziehung mit dem (Versicherungs-)Makler im Bereich **Lebens- und Krankenversicherungen**.

Eine Verbindlichkeit dergestalt, dass es tatsächlich zu einem Geschäft kommt. Was konkret bedeutet, dass der Makler unsere Produkte bei seinen (End-)Kunden mit hoher Kadenz bevorzugt anbietet und weniger die des Wettbewerbs.

Dabei ist unsere zentrale Aufgabenstellung herauszufinden, welcher Makler aktiv Versorgungsgeschäft betreibt oder in Zukunft ernsthaft betreiben möchte.

Unser unmittelbarer Kunde ist somit nicht der Endverbraucher, sondern der „freie" Vermittler oder Makler. Wobei natürlich nur dann Geschäft entstehen kann, wenn der Endkunde, in der Regel der private Haushalt und private Unternehmer, dann auch unsere Lebensversicherung tatsächlich über den Makler kauft."

Diese hier beschriebene komplexe Gemengelage ist insbesondere dann erfolgreich zu bearbeiten, wenn die eigenen Vertriebsmitarbeiter es schaffen, ein **effizientes Screening** der Makler durchführen. Heinz Ader: „Es geht um strategische Partnerauswahl statt Gießkannenprinzip."

Das **Screening** der Makler wird u. a. durch ein sogenanntes **Makler-Radar** unterstützt, das über unterschiedliche (Daten-)Quellen Informationen und Zahlen erzeugt, die für eine valide Einschätzung herangezogen werden können. So fließen hier auch Daten von Wettbewerbern ein. Das **MaklerRadar** wird von einem externen Unternehmen als Datenplattform zur Verfügung gestellt.

Erst wenn das **Screening** finalisiert worden ist, plant der Vertriebsmitarbeiter und Maklerbetreuer im nächsten Schritt individuelle Vertriebsmaßnahmen und Aktivitäten, die er dann bei seinen Kunden (den Maklern) vorstellt und abstimmt.

Überall dort, wo ein Geschäft nicht direkt entsteht, sondern vermittelt wird, ist die Auswahl der vermittelnden Partner die erfolgskritische Größe. **Screening** ist dabei der Begriff, der den Auswahlprozess abbildet. **Screening** wird im Idealfall intern gesteuert, kann sich jedoch auch externer Analyse- und Screening-Tools bedienen.

Es gilt erneut die „normative Kraft des Faktischen" als Kennlinie der Zusammenarbeit zwischen dem „Emittenten" und dem geschäftsanbahnenden Vermittler. Wenn der Maklerbetreuer dem Makler monetäre und intellektuelle Ressourcen zur Verfügung stellt, dann ist eine erfolgreiche Zusammenarbeit (nur) dann gegeben, wenn auch umgekehrt Geschäft für den Versicherer und die Maklerbetreuer entsteht. Ein vergleichbares Beispiel ist die **Sales Excellence „den Kunden ausbilden"**.

Bei der Menge an Marktteilnehmern, die alle persönliche Termine mit den Maklern anstreben, lässt sich leicht vorstellen, dass der Makler diese Termine sehr differenziert vereinbart, da sie für ihn keine aktiven Verkaufsgespräche darstellen und damit keinen möglichen direkten Geschäfts- und Verkaufserfolg mit seinem (End-)Kunden bedeuten. Die **Terminvereinbarung** aus Sicht der Maklerbetreuer ist somit sorgsam zu planen und durchzuführen.

Das zentrale Instrument des Maklerbetreuers ist demnach die **Bedarfsanalyse**, denn er muss professionell erfragen und analysieren, welche Lösungen und Produkte der Zielmakler für seine individuelle Kundenklientel benötigt.

Erst nach dieser Analyse erstellt der Maklerbetreuer einen Aktivitätenplan, den er in den anschließenden Gesprächen mit dem Zielmakler abstimmt. Daraus wird erkennbar, dass sich das **strukturierte Verkaufsgespräch** in dieser Verkäufer-Kunde-Beziehung bereits in der Geschäftsanbahnung auf verschiedene einzelne Termine verteilt. In diesen Gesprächen sollte die Idee des **Customer Chairs** zum Einsatz kommen und insbesondere auch die persönliche Fähigkeit des Maklerbetreuers zur **Resonanz**, indem sich der Verkäufer auch im Detail rückversichert, dass er im Sinne seines Zielmaklers denkt und handelt.

5.14 Denken Sie an ... Hybrides Verkaufen

Digitalisierung versus „Hoch auf dem gelben Wagen"?
Gesprächspartner: Carsten Leineweber, Niederlassungsleiter Vertrieb Paket und Post, Deutsche Post DHL Group, Bonn

Carsten Leinweber

„Wir verkaufen eine hochwertige, erklärungsbedürftige Dienstleistung. Wir sind die **Post**. Sortieren, transportieren und zustellen von Dokumenten und Waren bildet unser Kerngeschäft ab.

Im Gegensatz zur Herstellung von Gütern aller Art, wird unsere Dienstleistung jede Nacht neu und unter anderen Voraussetzungen produziert. Und das in größtem Umfang. Mein Unternehmen bewegt Waren und Menschen. Wir erreichen Erfolg durch Qualität, Fleiß und Systematik.

Hoch auf dem gelben Wagen – das war einmal. Heute zählen für uns **Veränderungsbereitschaft** und **Produktinnovationen**. Denn die Vielfältigkeit unserer Kunden verlangt eine sehr flexible Aufstellung. Sie geht von erfolgreichen E-Commerce-Händlern, über klassische B2B-Unternehmen bis hin zu Versicherungen der öffentlichen Verwaltungen oder Landratsämtern. Am Ende geht es sogar um die professionelle Umsetzung und Gewährleistung des Prozesses einer regionalen oder bundesweiten Briefwahl.

Die **Digitalisierung** hat in den letzten Jahren aus dem reinen Verkäufer für Paketlogistik und Briefversand einen Profi für technische Anbindungen und Lösungen gemacht. Ein gutes Beispiel hier ist der Wandel eines klassischen Briefes in hybride Möglichkeiten. Unser Ziel ist es grundsätzlich, für den Kunden Mehrwert zu schaffen. Dabei stellen wir als Unternehmen den **Dialog** mit dem Kunden in den Mittelpunkt. **Dialog** heißt für uns, die Realität des Kunden auch im Detail zu verstehen, ihm auf dieser Grundlage Feedback zu geben und ihn dadurch „besser" zu machen oder ihm sogar den Zugang zu neuem Geschäft zu eröffnen. Bedarfe decken und gleichzeitig Bedarfe wecken ist hier die Maßgabe.

Mit allen unseren komplexen Möglichkeiten gehen wir am Ende immer auf Menschen zu. Unsere Leistung ist es daher in hohem Maße, Betroffene zu Beteiligten zu machen, Sinn und Nutzen von Produkten zu kommunizieren und durch diese Kommunikation, Sinnhaftigkeit und Sicherheit auf der Kundenseite zu erzeugen. Das macht den persönlichen Kontakt trotz aller **Digitalisierung** unabdingbar."

Die **digitale** Welt funktioniert. Und Sie funktioniert, gerade weil Sie eine Symbiose mit klassischen Elementen des Verkaufens eingeht. Dieses klassische Element erleben Sie bei der Post durch das erfolgreiche „an der Haustür läuten".

Am Ende werden physische Waren in physische Hände übergeben. Wenn Sie, liebe Leserinnen und Leser, ein Paket erwarten, dann läutet es an Ihrer Haustür. Dann hat jede Menge **Digitalisierung** dazu beigetragen, dass das Paket schnell zu Ihrer Adresse gekommen ist. Und am Ende steht ein Mensch vor Ihnen und überreicht Ihnen mit Freude Ihr Paket. Und damit erlebt der Kunde auch ein Stück Tradition, trotz oder gerade durch alle Digitalisierung, getreu des Refrains des bekannten Volksliedes „Hoch auf dem gelben Wagen". Und das ist dann im besten Sinne Hybrides Verkaufen!

Inhaltliche Vorbereitung

Die **DHL/Deutsche Post** setzt eine **digitalisierte** Sales-Pipeline für die Vertriebs-Mitarbeiter ein, die in ein professionelles CRM-Tool eingebettet ist. Diese Pipeline muss selbstverständlich gefüllt und gepflegt werden. Das bedeutet, dass die Vorbereitung (und Nachbereitung) absolut notwendig und erfolgskritisch ist, also im Grunde zur DNA des Verkäufers gehören sollte.

Durch die pandemiebedingt sinkende Zahl von **Verkaufsgesprächen** physischer Art vor Ort beim Kunden setzen sich immer mehr digitale Varianten eines persönlichen Kontaktes durch. Über Skype, Zoom und Co. lassen sich Besuche sehr gut vorbereiten. Mit der elektronischen Einladung wird oft bereits eine Agenda mit den wichtigsten Inhalten des **Verkaufsgespräches** versendet. Neben dem Schwerpunkt der **Gesprächsvorbereitung** liegt danach der Fokus auf dem Instrument der **Bedarfsanalyse**. Obwohl vermeintlich klar ist, dass die Bedarfe des Kunden auf der Hand liegen und für alle Beteiligten ersichtlich sind, ist der Vertriebsmitarbeiter trotzdem mit den emphatischen Anteilen des **Customer-Chair-Konzeptes** aufgefordert, die Wünsche und Problemstellungen des Kunden kommunikativ zu spiegeln. Damit signalisiert er oder sie: „Lieber Kunde, ich habe Sie verstanden und es geht mir um Lösungen für **Ihr** Logistik-Thema". Diese klassische Bedarfsanalyse wird dadurch verfeinert, dass durch Fragen zum Geschäftsmodell und zu den weiteren Plänen des Kunden ein tiefes Verständnis für und Wissen über den Kunden aufgebaut wird. Dieser ganzheitliche Ansatz hilft Zusatzgeschäfte zu generieren, die für beide Seiten sehr nützlich sind. Beispielsweise baut der Kunde durch die Erstellung und den Versand eines Neukundenmailings per Post sein Geschäft aus. Daraus ergibt sich wiederum ein höheres Aufkommen an Paketen für die Post.

5.15 Denken Sie an … Verkaufsgespräche sind Event-Time

Gesprächspartner: André Roeske, Senior Vice President Sale, ADA Cosmetics International, Kehl

André Roeske

„ADA Cosmetics International produziert seit 40 Jahren hochwertige Hotelkosmetik, Pflegeprodukte und Spendersysteme für die Hotellerie. Unsere Hauptansprechpartner sind zu 80 % die Abteilungsleitung Housekeeping und zu 20 % der Einkauf oder die Geschäftsleitung. Die Termine werden in der Regel telefonisch vorab vereinbart. Diese Terminvereinbarung bildet eine entscheidende Hürde. Hier müssen wir die Methoden der **Sales Toolbox** nutzen, denn ohne einen Termin werden wir nichts verkaufen.

Bei unseren Verkaufsgesprächen soll sich der Kunde dann revitalisiert fühlen, quasi im allerbesten Sinne „wie frisch geduscht". Unser Termin mit dem Kunden soll daher ein **Event** sein. Wir wollen alle seine Sinne ansprechen. Er/sie soll unsere Produkte betrachten, anfassen und vor allem auch riechen können. Und wir werten den Kunden nicht nur mit unseren Produkten, sondern insbesondere auch mit unserem **wertschätzenden Auftritt** auf. Unsere Verkäufer tragen Anzug und Krawatte und achten auch in der Wartezeit darauf, zu wirken. Das bedeutet: Sie bleiben stehen und „fläzen" sich nicht auf eine Couch im Wartebereich. Wir sind immer top vorbereitet. Wir erwarten den Kunden im Verkaufsgespräch auch im Sommer bei 40 Grad „picobello" im Anzug. Unsere Verkäufer beschäftigen sich konsequent mit dem Branchengeschehen, damit aus Gesprächen über das Wetter Fachgespräche über die Branche werden."

ADA Cosmetics International verkauft Produkte, die das Hotel an den Kunden „verschenkt". Durch diese kostenfreie Weitergabe an den Endkunden haben diese Produkte für den Hotelgast einen großen emotionalen Wert und beeinflussen das Zufriedenheitsgefühl beim und nach dem Hotelaufenthalt.

Andre Roeske: „Dieser hohe emotionale Anteil ist uns bewusst und wir sind genau dann erfolgreich, wenn es uns gelingt, dass unsere Kunden diese Emotionalität als einen ihrer USPs erkennen."

Als Verstärkung der **Sales Excellence „Das Telefon – der natürliche Freund des Verkäufers"** (Nr. 17), wird hier erneut die Signifikanz der Terminvereinbarung deutlich. Die Kunden warten nicht auf den Besuch des Verkäufers und der Verkäuferin. Daher ist die telefonische **Terminvereinbarung** wichtig, um sorgsam mit dem Zeitbudget aller Beteiligten umzugehen. Die Kunden möchten selbstverständlich Termine vermeiden, die aus deren Sicht keinen Nutzen bringen. Der Verkäufer muss also bei diesem Telefonat hoch konzentriert die richtigen Worte findet und darf nicht nachlassen, wenn es in folgende Richtung geht: „Rufen Sie mich doch in ein paar Wochen wieder an." Und er muss vorab präzise analysieren, wen er anrufen möchte. Im B2B-Verkauf ist es daher wichtig zu verstehen, wer beim Kunden welchen Einfluss auf die Einkaufsentscheidungen hat (Fachabteilung, Einkauf, Geschäftsleitung) und welche Beziehungen es zwischen den Beteiligten gibt. Hinzu kommt die Rolle des Endkunden (hier Hotelgast). Es empfiehlt sich, das Produkt auch aus Kunden- sprich Gästesicht zu sehen. Andre Roeske: „Meine Mitarbeiter können häufig besser verkaufen, wenn sie selbst Endkunde waren – d. h. das Hotel als Gast im Vorfeld besucht haben und sich diese Frage gestellt haben: Was nutzt dem Gast bzw. dem Endkunden?" Durch diese auch auf andere Branchen übertragbare Expertise, können Verkäufer selbst Bedürfnisse aufzeigen und daraus Nutzen für das Unternehmen schaffen. Allerdings muss diese Argumentationskette behutsam aufgebaut werden, denn der eigene Besuch und Eindruck muss nicht automatisch repräsentativ für alle Gästeerlebnisse sei. An dieser Stelle hilft ggf. der Blick in öffentlich einsehbare Bewertungen zur Leistung des Unternehmens, an das ich verkaufen möchte.

Ist der Schritt der Terminvereinbarung erfolgreich gemacht, geht es um die Aufwertung des Kunden. Hier kommt wieder die Idee der Matching Numbers zum Tragen (siehe auch Sales Excellence „Servicelust"). Es sollte eine ganzheitliche Kohärenz zwischen Produkt, Kunde und Endkunde bestehen. Zur Erinnerung: Der Begriff Matching Numbers kommt ursprünglich aus dem Automobilereich und bezeichnet den Umstand, dass Chassis, Motor und Getriebe die gleiche Seriennummer tragen (sollen). Es soll also zwischendurch nichts komplett getauscht werden. Störendes darf keinen Einfluss haben. Alles muss zueinander passen. Dann hat das Produkt einen überdauernden Wert.

Diese Bild passt hervorragend in die hier beschriebene Realität. Hochwertige Produkte, die zudem noch die Außenwirkung von Menschen beeinflussen, sollten nicht von jogginganzug- tragenden Verkäufern dargestellt werden. Im Idealfall „matchen" das Produkt, der Verkäufer mit seinen auch emotionalen Bestandteilen Anteilen und die Wahrnehmung seiner Kunden.

Die Bedeutung der konzentrierten **Terminvereinbarung** sollte also nicht unterschätzt werden. Manchmal geht es bei diesem Telefonat auch darum, den Kunden im Zweifelsfall freundlich zu überrumpeln, bevor er oder sie einen Termin ablehnen oder verschieben kann.

Und: Kleider machen (häufig) Leute und in diesem Fall machen Sie einen Teil des Erfolges bzw. der Positivkette aus. Körpersprache, Kleidung und gepflegtes Auftreten sollte auf dem Niveau des Kunden bzw. seiner Kunden erfolgen (Matching Numbers) Auch diese äußeren Faktoren (und erneut nicht nur die besten Argumente) unterstützen die sinnvolle Fähigkeit, Fachgespräche auf Augenhöhe zu führen. Also: besser over- als underdressed.

Gibt es hier Grenzen? Ja, wenn der Kunde und seine Produkte und Dienstleistungen bewusst auf eine sehr lockere Ansprache setzen. Dann macht ggf. eine Unterteilung der Außendienstorganisation in klassische und nicht-klassische Kundenbetreuer Sinn. Kann der gleiche Verkäufer oder die gleiche Verkäuferin die vornehmsten 5-Sterne-Hotels betreuen und gleichzeitig die coolsten Hostels? Ja, das ist aber nicht selbstverständlich, sondern eher außergewöhnlich.

5.16 Denken Sie an … Sales-Special (Teil 1): Jahresgespräche

Schlagen Sie niemals die Tür zum Kunden zu
Gesprächspartner: Andreas Niehaus, Geschäftsführender Gesellschafter, Service Team GmbH, Oldenburg

Andreas Niehaus

Jahresgespräche können aufgrund der Komplexität und des Umfangs äußerst vielschichtig zu führen sein. Alle Instrumente des **strukturierten Verkaufsgesprächs** sollten latent und anwendungssicher vorhanden sein. Empathie im Sinne des **Customer Chairs** ist zusätzlich erforderlich aber auch fallweise **hartes Verhandeln** an der Grenze der psychologischen Belastbarkeit ist eine erfolgskritische Komponente.

Andreas Niehaus: „Ich habe unzählige Jahresgespräche selbst geführt und in der Führungsverantwortung noch mehr Key-Account-Mitarbeiter auf Jahresgespräche vorbereitet. Diese Erfahrung hat mich gelehrt, dass Jahresgespräche im deutschen Handel, aufgrund der ineinandergreifenden Abhängigkeitsverhältnisse und multidimensionalen Marketingstrategien ein verkäuferisches Feld sind, dass Spitzenverkäufer braucht und hervorbringt."

Natürlich hängt es auch vom Produkt, der Dienstleistung und vor allem von der Branche ab, wie kompliziert und komplex ein Jahresgespräch werden kann. Trotzdem gibt es allgemeingültige Hinweise, die wir nachfolgend als Empfehlungen zusammenfassen.

(1) **Werden Sie nicht nervös:** Jahresgespräche im beschriebenen Sinne sind niemals singulär zu sehen, sondern immer ein (langwieriger) Prozess. Werden Sie also nicht nervös, wenn bei einem ersten Meeting keine konkreten Erfolge erzielt werden. Das ist relativ normal. Vielleicht brauchen auch Sie 3–4 Runden, bevor wirklich alle Aspekte auf dem Tisch liegen und Sie die Ausgangssituation vollständig durchschauen.

(2) **Erstellen Sie ein Drehbuch:** Vorbereitung, Vorbereitung und nochmals Vorbereitung. Jahresgespräche im deutschen Handel bestehen aus minutiöser **Vorbereitung**. Es ist also durchaus üblich, dass rund 80 % der Arbeitszeit aus der Planung der Gespräche besteht, einschließlich der ständigen Analyse des zur Verfügung stehenden Datenmaterials (inkl. Kunden-, Deckungsbeitrags- und Wettbe-

werbsanalyse, Umsatzauswertung, Ergebnisse Storechecks etc.), im Abgleich mit den eigenen Zielsetzungen.

Grundsätzlich muss der die Vorbereitung darauf drei Ebenen reflektieren:

(a) Zahlen, Daten, Fakten
(b) Eigene Ziele, Verhandlungsstrategien, Rollenabsprachen, Verantwortlichkeiten; Antizipation möglicher Strategien des Kunden und komplexe Wahrnehmung und Deutung non-verbaler Signale, die in reflektierten Reaktionen gespiegelt werden; Antizipation der Kundenreaktionen aufgrund emotionaler Botschaften.
(c) Welche Ziele hat mein Verhandlungspartner? Wie kann ich ihm helfen, seine Ziele zu erreichen, wo kann ich nicht helfen?

Elementar ist daher die Vorbereitung der Rollenabsprache: Wer ist der Verhandlungsführer, wer moderiert im Selling-Team, wer im Buying-Team? Zusätzlich sollte immer die Frage beantwortet werden, mit wem Sie es genau zu tun haben: Sind Ihre Ansprechpartner eher datenaffin oder Small Talker? Oder brauchen sie eine Story? Wie sieht das Struktogramm des Kunden aus, wie tickt er? Was können wir in diesem Sinne zusätzlich vorbereiten?

Subsumiert und in der idealtypischen Reinform erfolgt so die Erstellung eines **Drehbuchs** zum anstehenden Jahresgespräch (siehe Elemente des **Customer Chairs**). Andreas Niehaus: „Wer sagt was an welcher Stelle zu welchem Thema im Selling-Team?"

Achten Sie im Gespräch auch auf kohärente Begrifflichkeiten, also auf ein gleiches Level der Kommunikation. Streichen Sie also Abkürzungen oder Begriffe, die nur Sie kennen und die für den Kunden wie Böhmische Dörfer klingen und ihn unnötig misstrauisch werden lassen.

(3) **Drehen Sie den Spieß um** (grundsätzlich und insbesondere in der Vorbereitung) und stellen Sie sich zahlreiche Leitfragen:

- Welche Ziele verfolgt der Kunde (sein Unternehmen, vor allem er persönlich) mit unseren Produkten und Dienstleistungen?
- Was hat der Einkäufer mir bzw. uns zu verkaufen?

- Was muss er nach „innen" verkaufen? Was muss er oder sie also mutmaßlich hinsichtlich der Erwartungen interner Abteilungen und der Vorgesetzten berücksichtigen?
- Wie lässt sich die **Treue** des Endkunden zu unserer Marke beschreiben oder anders formuliert: Kann mein Kunde (nicht der Endkunde) überhaupt auf mich (und meine Produkte) verzichten?
- Welche Rolle haben meine Produkte insgesamt für den Kunden und Endkunden? Oder kann der Kunde zumindest in einigen Bereichen nicht ohne mich? Wie wichtig ist also unser Produkt für den „Warenkorb", die „Category" des Kunden?

(4) **Schlagen Sie niemals die Tür zum Kunden zu:** Unabhängig davon was passiert – auch für den Fall, dass eine grundlose Beleidigung Ihrer Person als unsaubere taktische Aktion Ihres Gesprächspartners stattfindet, beenden Sie kein Gespräch abrupt und werden Sie selbst nicht beleidigend. Es kostet viel Mühe und Geld, eine einmal geschlossene Tür zum Kunden wieder zu öffnen.

Wir empfehlen Ihnen auf zum Beispiel folgende Aussage zu verzichten: „Das ist mein letztes Angebot". Diese Formulierung fällt unter die Kategorie „Wild-West-Manier". Sie setzen dem Kunden bildlich die Pistole auf die Brust. Das führt zur Konfrontation und trägt zu keiner Lösung bei.

Die Komplexität des Jahresgesprächs bedarf also einer hohen Anwendungssicherheit aller Instrumente des strukturierten Verkaufsgesprächs:

* Wir unterstreichen nochmals die herausgehobene Stellung der **Vorbereitung.**
* Offene Fragen (siehe **Sales Toolbox**) sollten schriftlich vorformuliert werden. Die **Bedarfsanalyse** durch einen persönlichen Fragenkatalog ist der wirksame Schutz vor einer kommunikativen Einbahnstraße in Jahresgesprächen. Sammeln Sie in diesem Fragenkatalog alle offenen Fragen die Sie im Laufe der Zeit erfolgreich angewendet haben.
* Bereiten Sie die **Nutzenargumentationen** (siehe **Sales Toolbox**) immer punktgenau vor, einschließlich einer ansprechenden Präsentation, jedoch ohne Folienschlachten in Jahresgesprächen. Hier gilt: Weniger ist Mehr.
* Antizipieren Sie mögliche **Einwände** des Kunden (siehe **Sales Toolbox**) und definieren Sie Lösungsansätze schriftlich.

5.17   Denken Sie an … Sales-Special (Teil 2): Das Telefon

Der natürliche Freund des Verkäufers
Gesprächspartner: Jochen Meier, Geschäftsführender Gesellschafter, Kühn& Co, Bochum, Remscheid, Dortmund

Jochen Meier

„In der **Personaldienstleistung** geht es jeden Tag auch um Kundengewinnung und -bindung. Grundsätzlich haben sich die Anforderungen an Zeitarbeitsunternehmen geändert. Kunden kommunizieren anspruchsvoller und informierter mit uns. Früher war der günstigste Preis häufig entscheidend. Heute sind die Qualifikation, die Außenwirkung und das soziale Verhalten der Menschen entscheidend, die wir dem Unternehmen zur Verfügung stellen. Wenn diese Mitarbeiterinnen und Mitarbeiter einen guten Job machen, dabei noch pünktlich waren und sich gut in die bestehende Mannschaft eingefügt haben, dann kommt der Kunde immer wieder auf uns zu.

Die Kunden von Personaldienstleistungsunternehmen suchen heute Menschen mit speziellen Qualifikationen, die sie zusätzlich nur für einen **begrenzten Zeitraum** benötigen. Dabei möchte jeder Kunde für sich „die beste Lösung". Diese kann nur erzielt werden, wenn die Berücksichtigung der Kundenwünsche im Vordergrund steht.

In den Worten **begrenzter Zeitraum** steckt dann auch bereits der Vertriebsauftrag an die internen Vertriebsmitarbeiter. Um eine zeitlich lückenlose Beschäftigung unserer Fachkräfte zu gewährleisten, also jeweils Anschlusstätigkeiten zu generieren und unwirtschaftliche, zeitliche Nichtbeschäftigung zu vermeiden, müssen eine Vielzahl von Verkaufsgesprächen getätigt werden. Diese Verkaufsgespräche sind anbahnend und abschließend in der Mehrzahl häufig telefonisch durchzuführen, können – je nach Kundenwunsch – aber auch physisch vor Ort beim Kunden stattfinden."

Es muss also in jedem Falle viel telefoniert werden, um zum Erfolg zu kommen. Und dazu braucht es **Hartnäckigkeit** und Kadenz.

Jochen Meier: „Nachhaltigkeit im Vertrieb und „am Ball bleiben" sind also für uns keine leeren Phrasen, sondern sollen immer wieder die Motivation darstellen, die ein Vertriebsmitarbeiter in diesem Bereich notwendigerweise haben muss. Denn nachhaltiger Vertrieb ist auch immer Beziehungsaufbau und Beziehungspflege."

Die Vertriebsarbeit bei Kühn & Co ist damit in klassischer Weise (Hoch-)Kadenz-Vertrieb. Jeder Vertriebsmitarbeiter beackert einen Teil der regionalen Wiedervorlage bzw. Vertriebspipeline mit ca. 2500 Adressen von tatsächlichen und prospektiven Kunden aus der eigenen Datenbank. In der Neukundenakquise ist die Trefferquote dabei ca. 1 zu 250.

Es müssen also 250 Telefonate geführt werden, um einen neuen Kunden erfolgreich zu gewinnen.

Jochen Meier: „Wenn das **Telefon** mein natürlicher Feind ist und ich lieber erst einmal die Blumen gieße, bevor ich den Hörer in die Hand nehme, dann ist der Job nichts für mich.“

Nur die engagierte und positive Grundeinstellung (siehe **Sales Excellence Leidenschaft**) nutzt dem Verkäufer wenig, wenn sein Job auch darin besteht, immer wieder Neukundengeschäft zu akquirieren. Was er oder sie zusätzlich braucht, ist eine „verkäuferische Unermüdlichkeit“.

Die persönliche Sales-Pipeline zu füllen ist Handwerk, gepaart mit dieser notwendigen Unermüdlichkeit, um immer wieder den Telefonhörer in die Hand zu nehmen. Die Kunst besteht darin, sich je nach Branche zahlreiche Absagen und Vertröstungen anzuhören, und trotzdem immer weiter zu machen. Neben der bereits erwähnten Hartnäckigkeit ist vor allem auch eine überdurchschnittliche psychische Widerstandsfähigkeit notwendig.

Wir nennen diese psychische Widerstandsfähigkeit im verkäuferischen Bereich **Rückschlagresistenz.**

Der Transfer in andere Branchen fällt leicht. Wo sich Märkte ändern und Kunden ständig neue Ansprüche formulieren ist auch die Notwendigkeit vorhanden, immer wieder neue Kundenkontakte zu suchen. Dabei helfen auch neue Wege im Bereich Online- bzw. Social-Media-Kommunikation. Das Beispiel **Kühn & Co** zeigt jedoch die unumgängliche Bedeutung von persönlichen Gesprächen bei Dienstleistungen mit hohem Qualitätsanspruch (und sei es „nur" via Telefon), insbesondere wenn es um Verhaltensaspekte von Menschen geht.

Wir empfehlen Ihnen daher, dass Sie bei der Personalauswahl für Vertriebsjobs hinterfragen, ob sich Ihre Kandidaten nicht zu schade sind, eine „verkäuferische Unermüdlichkeit" einzubringen. Im Vertrieb ist fachliche Expertise nicht alles. Hartnäckigkeit und Rückschlagresistenz können die noch wichtigeren Bestandteile für den vertrieblichen Erfolg ausmachen.

Unser Praxistransfer umfasst somit auch den Hinweis, dass Sie bei der Personalauswahl nicht nur persönlichen Interviews oder dem eigenen Gefühl folgen sollten. Setzen Sie Assessments ein. Lassen Sie potenzielle Kandidaten eine Übung machen, in der unter Zeitdruck Kundetelefonate simuliert werden. Sie werden dann besser erkennen, ob der Kandidat über die erforderliche Unermüdlichkeit verfügt.

Abschließen möchten wir diese **Sales Excellence** mit einer Wiederholung der Basics bei der **Terminvereinbarung** am Telefon:

Verkaufsgespräche und insbesondere **Kaltakquise** am Telefon gehören tendenziell zu den weniger geliebten Tätigkeiten von Verkäufern. Wenn diese Anrufe jedoch notwendig für Ihren Erfolg als Verkäuferin oder Verkäufer sind, dann sollten Sie sich keine handwerklichen Fehler erlauben. Achten Sie also auf die korrekte Reihenfolge der Begrüßung am Telefon, mit einem Kernsatz, der Ihrer persönlich-authentischen Sprache entstammt und bereiten Sie eine Schreibunterlage für sinnvolle Notizen vor (siehe auch Buchteil I). Und vergessen Sie bitte nicht, sich nach erfolgreichen Telefonaten zu belohnen, indem Sie sich verinnerlichen, dass Sie offensichtlich ein Kommunikationsinstrument beherrschen, um das so manche (weniger gute) Verkäufer lieber einen Bogen machen.

Teil III

Sales Future

Dieser Buchteil bietet Ihnen anhand der in Abb. 1 benannten Themen einerseits eine komprimierte Zusammenfassung erkennbarer Trends aus den geführten Interviews mit den Vertriebsverantwortlichen und präsentiert Ihnen andererseits, welche Themen im zukünftigen Kosmos des **strukturierten Verkaufsgesprächs** (Abb. 1) wichtig sein werden.

Die Leitfragen dazu sind:

- Welche generellen Sales-Trends sind durch die Recherche und die Interviews für dieses Buch zu erkennen?
- Welchen Einfluss hat die Digitalisierung auf Ihr Wirken im Vertrieb und damit auf den Einsatz Ihres individuellen strukturierten Verkaufsgesprächs?
- Wie stellt sich der Markt für Verkäufer heute und in der Zukunft dar?
- Wie trainiere ich mein Vertriebsteam und mich selbst für die professionelle Umsetzung des strukturierten Verkaufsgesprächs?

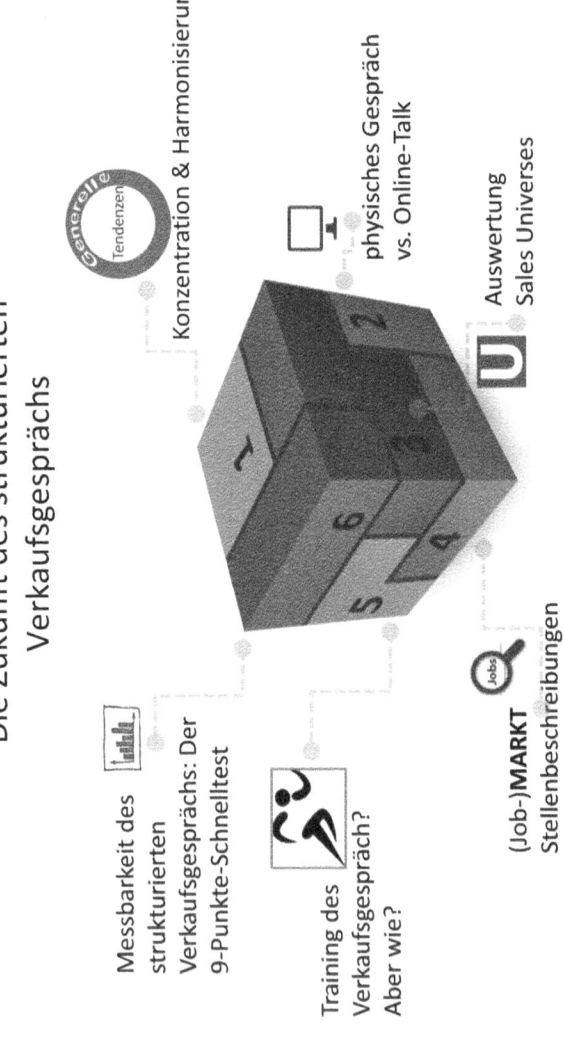

Die Zukunft des strukturierten Verkaufsgesprächs

Generelle Tendenzen

Konzentration & Harmonisierung

physisches Gespräch vs. Online-Talk

Auswertung Sales Universes

Messbarkeit des strukturierten Verkaufsgesprächs: Der 9-Punkte-Schnelltest

Training des Verkaufsgespräch? Aber wie?

(Job-)MARKT Stellenbeschreibungen für Verkäufer

Abb. 1   Die Zukunft des strukturierten Verkaufsgesprächs

6

Konzentration auf das Wesentliche

Die erste erkennbare Grundtendenz der Fokussierung bzw. **Konzentration auf das Wesentliche** zieht sich durch alle **Sales Excellences**. Verkäufer werden zunehmend bei administrativen Tätigkeiten entlastet, um mehr Zeit für die Kernaufgabe zu schaffen: **Aktives Verkaufen.**

Die folgenden drei ausgewählten Beispiele stehen für diese Fokussierung:

(1) Til Odenwald, **Sales Excellence Nr. 4**: „Mit weniger, dafür starken Marken im Portfolio, behalten wir den Gastronomen im Fokus. Wir halten die Konzentration auf den Nutzen des Gastronomen aufrecht, kommen so zu einer echten Win-Win-Situation und können am Ende erfolgreiche Verkaufsgespräche führen."

(2) Maximilian von Morr, **Sales Excellence Nr. 5**: „Ein erfolgreiches Full-Service-Paket umzusetzen, bedeutet, die vertrieblichen Kernaufgaben von den logistischen, administrativen und der die Hardware bereitstellenden Aufgaben zu trennen und jeweils durch Spezialisten übernehmen zu lassen."

© Der/die Autor(en), exklusiv lizenziert an Springer Fachmedien Wiesbaden GmbH, ein Teil von Springer Nature 2022
D. Döring, M. Zeller, *Das strukturierte Verkaufsgespräch*,
https://doi.org/10.1007/978-3-658-37166-1_6

(3) Olaf Tittel, **Sales Excellence Nr. 7**: „Kümmern Sie sich dafür besser um Ihre Kernkompetenzen und lassen Sie die Profis die (wichtigen) Nebengeräusche beackern."

Diese Beispiele bedeuten im Sinne eines Praxistransfers folgende Aufforderungen an unsere Leserinnen und Leser:

Analysieren Sie die Struktur Ihrer Vertriebsorganisation und Ihre persönliche Vorgehensweise im Verkauf. Erkennen Sie unnötige administrative Tätigkeiten und delegieren Sie diese oder prüfen Sie, ob diese Tätigkeiten abgeschafft werden können.

Wenn Sie als Führungskraft eine Vertriebsorganisation leiten, dann denken Sie an eine Ihrer wichtigsten Führungsverantwortungen, nämlich „Sinn" zu kommunizieren. Geben Sie Ihren Mitarbeitern Antworten auf diese Fragen: „Warum lassen wir das jetzt?" oder „Warum tun wir etwas wie wir es tun?" Wiederholen Sie Ihre Aussagen regelmäßig.

Denken Sie bitte auch regelmäßig über unnötige Inhalte oder Kadenzen in der Regelkommunikation nach. Fordern Sie Ihre Mitarbeiter in diesen Meetings auf, aktiv zu werden. Ihre Mitarbeiter sollten in einem Meeting nicht nur große Mengen an Informationen konsumieren, sondern selbst tätig werden, denn die Mitarbeiter bilden die Realität der Praxis ab. Richten Sie beispielsweise einen **Themenspeicher** ein, der durch Sie und Ihre Mitarbeiter gefüllt wird.

Die in diesem Abschnitt dargestellte Grundtendenz erhält eine zusätzliche Verstärkung durch eine weitere Entwicklung, die in zwei **Sales Excellences** angesprochen wird: einem professionellen Einsatz von **Informations- und Wissensplattformen.**

(1) Uwe Albershardt, **Sales Excellence Nr. 12**: „Der Verkäufer soll für die richtigen, weil bedarfsgerechten Daten, die er für sein Verkaufsgespräch braucht, keine endlos lange Suche in kryptischen Zahlenkolonnen starten. Die Daten, die er wirklich benötigt, müssen auf Knopfdruck und in Echtzeit grafisch aufbereitet zur Verfügung stehen. Und auch wirklich nur diese."

(2) Heinz Ader, **Sales Excellence Nr. 12**: „Das Screening der Makler wird u. a. durch ein sogenanntes **MaklerRadar** unterstützt, das über unterschiedliche (Daten-)Quellen Informationen und Zahlen er-

zeugt, die für eine valide Einschätzung herangezogen werden können. U. a. fließen hier auch Daten anderer Wettbewerber ein."

Beide Aussagen verdichten die Grundtendenz entscheidend: Mehr aktives Verkaufen, statt zeitraubende Beschaffung von Daten und Informationen.

6.1 Harmonisierung zwischen fachlicher und verkäuferischer Kompetenz

In diesem Abschnitt soll nun die notwendige Fokussierung um die sinnvolle Harmonisierung von Kompetenzen erweitert werden.

6.1.1 Topical Leadership

Produkte und Dienstleistungen werden komplexer – auch durch die zunehmende Digitalisierung. Kunden verfügen teilweise über eine hohe Detailkenntnis, sind also selbst Spezialisten und möchten fachlich-sachlich auf Augenhöhe diskutieren. In vielen Branchen wird mittlerweile eine **Topical Leadership** vorausgesetzt, also eine Themenführerschaft des Verkäufers. Dieser Faktor zieht sich auch durch die **Sales Excellences**. Ein Verkäufer der zwar anwendungssicher mit den Instrumenten des **strukturierten Verkaufsgesprächs** umgeht, jedoch ohne Fachwissen arbeitet, wirkt schnell wie ein unseriöser „Marktschreier", der wenig von seinen Produkten versteht.

Der Verkäufer muss also auch fachlich vorbereitet sein. Er oder sie müssen darüber hinaus in der Lage sein, große Mengen an relevanten Informationen ganzheitlich zu erfassen und für die Argumentationen systematisch zu ordnen. Das fällt schwer, wenn er oder sie einen Bauchladen an Produkten und Dienstleistungen mit sich schleppen muss, der dazu führt, dass er oder sie überall ein wenig im Thema ist, vielleicht ein persönliches Neigungsthema außerordentlich gut präsentieren kann, sich aber inhaltlich bei vielen Themen nicht einmal auf dem Niveau des Kunden befindet.

Was also für das **strukturierte Verkaufsgespräch** auf der sachlich-fachlichen Ebene zu vermeiden ist, sind zwei bereits zuvor erwähnte verkäuferische No-Gos:

(1) **Mangelhafte Aussagekompetenz**, die zu einer nachträglichen Informationsbeschaffung bei internen Spezialisten oder im Innendienst führt: „Lieber Herr Kunde, zu Ihrer Frage fehlen mir die Informationen, die ich aber im Innendienst beschaffen kann. Nach Klärung in unserem Hause komme ich wieder auf Sie zu." Solche oder ähnliche Aussagen führen zu einer Verlangsamung der (Entscheidungs-)Prozesse und möglicherweise zu einem finalen Ausstieg des Kunden, auch weil Wettbewerber hier schneller den Entscheidungsprozess abschließen können.

(2) Mit zwei Überprüfungsfragen lässt sich der Konflikt beschreiben: Wie soll ein Verkäufer die Ergebnisse seiner **Bedarfsanalyse** nutzen, wenn er die Inhalte und Botschaften des Kunden aufgrund fehlender fachlicher Kompetenz nicht in der Praxis einordnen kann? Und: Wie soll der Verkäufer die Möglichkeiten des **Customer Chairs** d. h. der Resonanz nutzen, wenn er unsicher ist und ihm die inhaltliche Tiefe bei einigen Themen nicht umfassend bewusst ist?

(3) Das bedeutet ausdrücklich nicht, dass der Verkäufer immer allwissend sein muss und sich auf hohem Niveau nicht auch in Einzelfällen schlau machen darf. Hier ist der wahrzunehmende Gesamteindruck entscheidend. Sich bei hohem Detailierungsgrad zusätzliche Informationen zu beschaffen, ist eher ein Zeichen von Professionalität, als von Nicht-Wissen und sollte mit diesem Credo einhergehen: „Geben Sie mir bitte für eine perfekte Antwort etwas Zeit zur Recherche."

(4) **Mangelhafte Entscheidungskompetenz,** die sich in folgender Aussage zeigt: „Ob wir das so machen können, wie Sie lieber Herr Kunde es sich als beste Lösung wünschen, kann ich nicht entscheiden. Dazu muss ich meine Vorgesetzten kontaktieren." Solche oder ähnliche Formulierungen haben zur Folge, dass der Kunde wahrnimmt, es nicht mit dem Entscheider zu tun zu haben und daraus Verzögerungen im Prozess entstehen. Der Kunde wird sich respektlos behandelt fühlen, weil er in seiner Interpretation der Situation eine mangelnde Wertschätzung wahrnimmt.

Auch hier hilft eine Überprüfungsfrage bei der Einordnung: „Wie soll ein Verkäufer ohne persönliche Entscheidungskompetenz einen verbindlichen, **konkreten Verbleib** mit dem Kunden erreichen?"

Zur Balance im Verkaufsgespräch gehört der Hinweis, dass ein Verkäufer schnell ermüdend wirkt, wenn er nur fachlich-sachliche Aspekte vorbringen kann. Die Gefahr der „Besserwisserei" ist latent vorhanden, indem sich der Verkäufer mit zu viel Fachlichkeit selbst in den Mittelpunkt stellt (statt die Bedarfe des Kunden) und die eigenen Auffassungen als allgemeingültig ansieht. Faktisch gesehen, kann dieses häufig anzutreffende Szenario zu einer **Negativkette** und zu verkäuferischem Misserfolg führen.

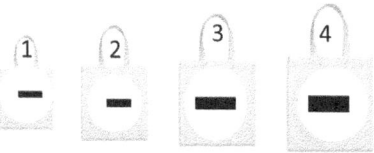

Die angesprochene **Negativkette** könnte wie folgt aussehen:

1. Die Vorbereitung des Verkäufers ist einseitig. Sie enthält keine Drehbuch-Hinweise und keine Reminder. Der Customer Chair wird nicht vorbereitet. Diese Art der Vorbereitung führt zu:
2. Der Verkäufer führt keine Bedarfsanalyse durch, weil er meint, die Antworten des Kunden bereits zu kennen.
3. Durch die fehlende **Bedarfsanalyse**, kommt auch die notwendige Resonanz als Kernkompetenz beim **Customer Chair** nicht zum Einsatz. Das Verkaufsgespräch entwickelt sich zur Sackgasse.
4. Der Kunde fühlt sich nicht abgeholt, formuliert verständlicherweise **Einwände** und wird daraufhin vom Verkäufer mit der nächsten Salve gut gelernter Argumente bearbeitet.

Diese **Negativkette** ist durchaus weiter fortsetzbar. Als Indiz für wenig professionelles Verkaufen durch überbordendes Fachwissen gilt, wenn Verkäufer immer schneller reden und damit in einen **Nutzen-Duschen-Monolog** verfallen (wie in Buchteil I. beschrieben).

6.1.2 Die Kernaufgabe der Harmonisierung

Der Begriff **Harmonisierung** kann allgemein sehr vielfältig eingesetzt werden – z. B. wenn es darum geht, Maßnahmen in ein Gleichgewicht zu bringen, abzustimmen, auszutarieren, auszupendeln etc. Der **Verkäufer** erzielt dann seine größte Wirkung, wenn vorhandene fachliche Kompetenz und hohe persönliche Entscheidungskompetenz die Grundlage dafür schaffen, dass die Instrumente des **strukturierten Verkaufsgesprächs** und die Kompetenzen des **Customer Chairs** in der jeweiligen Praxis authentisch umgesetzt werden, d. h. eine **aktive Harmonisierung** zwischen diesen Feldern der verkäuferischen Wirkung gelingt.

Die logische Konsequenz lautet damit: Das Ziel der **Harmonisierung** von umfassendem fachlichen Wissen mit den Instrumenten des strukturierten Verkaufsgesprächs ist die **Kernaufgabe** von führungsverantwortlichen Entscheidern. Aktive Harmonisierung ist Führungsaufgabe.

Dazu ist ein aktives Führungsverständnis erforderlich, aufgebaut auf einer klaren Definition der fachlichen **und** verkäuferischen Anforderungen.

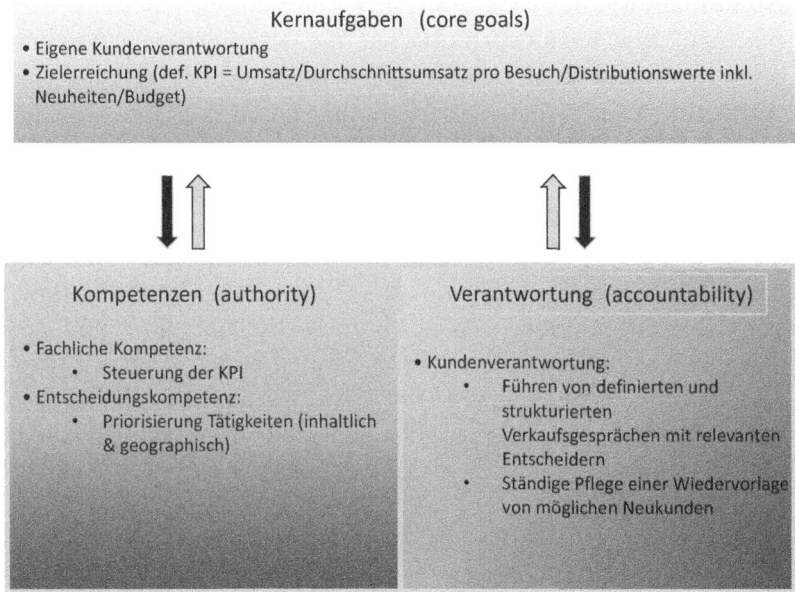

Abb. 6.1   AVKs von Gebietsverkaufsleitern

Der Verkäufer und die Verkäuferin sollten die an ihn oder sie gestellten Anforderungen also „schwarz auf weiß" in die Hand bekommen, idealerweise zusammengefasst auf einer Seite. Wir haben in diesem Zusammenhang sehr gute Erfahrungen mit dem sogenannten **AVK-One Pager** (Abb. 6.1) gemacht: Aufgaben – Verantwortungen – Kompetenzen.

Zur Erläuterung: Der Titel beschreibt die AVKs eines Gebietsverkaufsleiters, d. h. einer Position und einer Tätigkeit. Sie kann auch für einen Verkäufer ohne Personalverantwortung angewendet werden. Die beschriebenen Punkte sind rudimentär und sollen Ihnen lediglich eine Orientierung geben. Dieser **One Pager** soll keine Stellenbeschreibung ersetzen. Wichtig ist die begriffliche Erklärung, die in der englischen Sprache eindeutiger definiert ist. Daher steht jeweils in Klammern der gleichlautende Begriff.

- **Core Goals**: Bitte fixieren Sie hier wirklich nur die 2–4 wichtigsten Aufgaben.

- **Accountability**: Dieser Begriff steht hier für die „Rechenschafts-
  pflichten" bzw. Verantwortlichkeiten, die tatsächlich beim Verkäufer
  selbst liegen und die er nicht delegieren kann.
- **Authority**: Damit sind hier die Kompetenzen im Sinne von notwendigen Befugnissen gemeint.

Lassen Sie uns diesen zentralen Gedanken mit einem sprachlichen Bild
vertiefen. Ein erfolgreicher Profifußballer wird grundsätzlich zwei Kompetenzen besitzen müssen. Er muss als sehr guter Athlet schnell, kräftig
und ausdauernd sein, um über 90 Minuten viele Kilometer, und darin
enthalten einige Sprints, absolvieren zu können, dabei körperlich robust
genug sein, um auch Zweikämpfe zu gewinnen und um sich im Straf-
raum im Kopfball durchzusetzen. Und je nach Position wird er über ein
überdurchschnittliches fußballerisches Vermögen verfügen.

Nehmen wir einmal an, dass die Athletik unsere dargestellten Instrumente sind und das fußballerische Vermögen die Fachkenntnis wieder-
spiegelt. Dann wird schnell klar, was mit Harmonisierung gemeint ist.
Wenn er ein toller Athlet ist, aber den Ball nicht stoppen kann, dann ist
er nutzlos für die Mannschaft. Wenn er ein feines Füßchen hat, aber für
den 100-Meter-Sprint 15 Sekunden braucht, gilt das Gleiche.

Übertragen auf das vertriebliche Umfeld ist diese Erkenntnis nicht
neu. Allerdings ist aus unserer Sicht in der Vergangenheit die Waage
überwiegend in Richtung einer einseitigen Überfrachtung der fachlichen
(und administrativen) Seite ausgeschlagen und sozusagen der Schwerkraft zum Opfer gefallen. Dies war gerade in Konzernen mit einer Vielzahl an vertriebsunterstützenden Abteilungen zu beobachten und hat zu
manch skurrilen Maßnahmen geführt. Beispielsweise „findet die interne
Marktforschung heraus", dass Produkte in den Fokus zu stellen sind, die
nachweislich in der täglichen Praxis des Verkäufers keine Rolle gespielt
haben. In einem anderen Fall wurden in der Marketingabteilung Flyer
produziert und mit tollen Sprüchen garniert, die so hocherklärungs-
würdig waren, dass die Verkäufer diese lieber im Auto liegen ließen. Wir
haben erlebt, wie sogenannte „verlängerte Visitenkarten" als aufwendig
gestaltete 4-Seiten-Booklets an den Kunden übergeben wurden, mit dem
Effekt, dass der Verkäufer dieses eigentlich für sich sprechende persönliche Hilfsmittel erst einmal kompliziert erklären musste. Damit waren

Kunde und Gespräch oftmals bereits an dieser Stelle unnötig zeitlich gefordert.

Dieser Trend der administrativen Überfrachtung ist aus unserer Sicht glücklicherweise gebrochen. Vielen Vertriebsorganisationen ist mittlerweile klar geworden, dass an dieser Stelle gilt: „Weniger ist mehr." Die vertriebliche Praxis und Umsetzbarkeit sollte der Maßstab für Prioritäten im Verkauf sein.

6.1.3 Die Managementaufgabe der aktiven Harmonisierung

Lieber Leser, wenn Sie eine Vertriebsorganisation führen, dann sind Sie wahrscheinlich nicht (nur) auf diese Position gekommen, weil Sie vorher in der gleichen Organisation der erfolgreichste Verkäufer oder Verkäuferin gewesen sind. Das würde möglicherweise bedeuten, dass Sie es jetzt immer noch allen Mitarbeitern tagtäglich beweisen müssen (oder wollen) wie verkaufen geht, und Ihnen die Zeit für Ihre wichtige Management-Aufgabe der **Harmonisierung** fehlt.

Wir empfehlen Ihnen, den Blick dafür zu schärfen, inwieweit Ihr Team ausgependelt in die Verkaufsgespräche geht, also beide Aspekte vorhanden sind, d. h. die fachliche und die verkäuferische Kompetenz.

Es bedarf von Ihrer Seite aus daher einer ständigen Analyse, die nicht theoretisch sein sollte, sondern sich immer entlang der realen Praxis Ihres Teams orientiert. Das wird dazu führen, dass Sie regelmäßig in die aktive Zusammenarbeit mit Ihren Mitarbeitern bei gemeinsamen Kundenbesuchen einsteigen werden. Dieser Kundenbesuch kann aus unserer Sicht durchaus auch **überraschender** Natur sein.

Für den Fall, dass Sie dieser ungeplante Ansatz erstaunt: Mit „überraschend" ist hier gemeint, dass der gemeinsame Kundentermin nicht langfristig abgesprochen wird, sondern der Mitarbeiter kurzfristig informiert wird. Die eindeutige Erfahrung der Autoren aus rund 250 Zusammenarbeiten mit Verkäufern beim Kunden vor Ort lässt sich wie folgt beschreiben: Eine vorher abgesprochene Zusammenarbeit bildet nicht die tatsächliche Praxis ab. Die Vorbereitung wird häufig anders aussehen als üblich, die Kunden werden tendenziell die sein, die „mitspielen" wenn

Vorgesetzte oder Trainer dabei sind, oder unlösbare Fälle sein, die auch der Chef nicht lösen wird und der Trainer schon gar nicht.

Überraschend oder nicht abgesprochen ist dabei in keinerlei Hinsicht ein Misstrauensvotum gegenüber dem Mitarbeiter, sondern im Gegenteil ein notwendiges Qualitätsmerkmal. Die Kernkompetenz eines führungsverantwortlichen Entscheiders im vertrieblichen Bereich ist das Führungsinstrument der **Kontrolle.**

Lassen Sie uns diesem eher negativ besetzten Wort an dieser Stelle die entscheidende Wende geben: **Kontrolle ist die Bestätigung eines Vertrauensvorschusses.**

Aus der bohrenden Suche nach Fehlern und Details, die (noch) nicht passen, wird **Kontrolle mit dem Ziel zu loben,** und damit das konsequente Weiterentwickeln der Mitarbeiter.

Die Schlüsselwörter in der Führungsaufgabe eines Vertriebsteams heißen daher: Gelebte **Transparenz** und **Sinnvermittlung:**

(1) **Transparenz** meint die Entwicklung der Mitarbeiter durch diese Art der Teilnahme an Kundenbesuchen und Verkaufsgesprächen: Überraschend bzw. nicht abgesprochen sollten diese Coachingtermine fallweise sein, aber nicht generell unangekündigt. Das ist ein feiner aber entscheidender Unterschied und erklärt den folgenden zweiten Fakt.

(2) **Sinnvermittlung:** Erläutern Sie Ihre Strategie. Nehmen Sie Ihr Team mit, indem Sie klarmachen, warum es notwendig ist, dass Sie oder ein Trainer bzw. Coach Input zur Realität geben. Dieses Vorgehen sollte also von beiden Seiten nicht als Zeichen der Schwäche gewertet werden, sondern im Gegenteil als professionell gelebte Entwicklungskultur.

Wenn Sie diesen Anspruch so formulieren und in Ihrer Vertriebsorganisation leben, dann haben Sie die **selbstlernende Organisation** als höchsten Punkt der Lernkurve tatsächlich erreicht. Wenn Sie wahrnehmen, dass sich Ihre Mitarbeiter darüber freuen, wenn Sie unangemeldet neben dem Dienstfahrzeug Ihres Verkäufers parken, dann haben Sie als Führungskraft offensichtlich über einen langen Zeitraum vertrauensvoll gewirkt.

Denken Sie dabei bitte an die Analogie, die der Spitzenfußball Woche für Woche vermittelt. Die besten Trainer dieser Welt sind in der Regel nicht die vormals besten Fußballer, sondern die, die das Thema **Coaching** optimal beherrschen.

Im übertragenen Sinne haben Sie den aktuellen Job ebenfalls nicht bekommen, weil Sie früher der beste Verkäufer waren, sondern weil es jetzt Ihre Kernkompetenz ist, das eigene Team zu entwickeln – u. a. indem Sie **strukturierte Verkaufsgespräche bewerten.** Daraus lässt sich diese Frage ableiten: Wie lassen sich Verkaufsgespräche in ihrer Effizienz bewerten?

Da hilft natürlich auf der einen Seite ein gut funktionierendes CRM-System, das digital Zahlen und Fakten dazu liefert, wie viel Ihr Verkäufer unter Berücksichtigung notwendiger wirtschaftlicher Kennzahlen an einen Kunden letztendlich verkauft hat.

Auf der anderen Seite kann ein Verkaufsgespräch unvorbereitet und unstrukturiert geführt worden sein und der Kunde kauft trotzdem, z. B. weil er das Produkt oder die Dienstleistung einfach braucht und der Verkäufer Produkte ohne wirklichen Wettbewerb eher zuteilen kann, als aktiv verkaufen muss. Sie erinnern sich vermutlich in diesem Zusammenhang an die Hamsterkäufe zu Beginn der Corona-Pandemie oder an die damit verbundenen Mehrverkäufe, beispielsweise in der Paket- & Post-Industrie. Dieser Umsatz ist sozusagen „vom Himmel gefallen", ohne dass sich dafür jemand besonders stark anstrengen musste.

Möglich ist auch, dass ein Verkaufsgespräch mit allen notwendigen Instrumenten strukturiert geführt worden ist, ohne zunächst zählbare Erfolge zu erreichen.

Nehmen wir dazu das Beispiel der Gastronomie zu Beginn der Corona-Pandemie: Wenn Sie im Vertrieb einer Brauerei tätig sind und ein nach allem Ermessen professionelles Verkaufsgespräch mit einem Gastronomen geführt haben, der aber sein Gastronomieobjekt nicht öffnen darf, können Sie eine positive Wirkung erzeugt haben, aber kurzfristig keinen Euro Umsatz erzielen. Diese positive Wirkung sollte jedoch dazu führen, dass der Gastronom das positive Gespräch nach der Wiedereröffnung zum Anlass nimmt, sich den seinerzeit identifizierten Themen nun umso bereiter zu widmen.

Es ergibt somit Sinn, dass es neben der zahlenbasierten „äußeren" Bewertung auch eine „innere" Bewertung eines **strukturierten Verkaufsgesprächs** gibt.

In manchen Sportarten werden Scorerpunkte vergeben, d. h. nicht nur die Anzahl der geschossenen Tore, sondern auch die Vorlagen werden aufgenommen. Diese weitergehende Betrachtung hat sich bewährt, denn der Torschuss ist oftmals das erkennbar Einfachste im gesamten Spielzug und stellt eine feine Analogie für das **strukturierte Verkaufsgespräch** dar. Nicht nur das Tor, also die nackten Zahlen, sollten zählen, sondern auch die gesammelten Unterwegspunkte. Damit wird die Bewertung des Verkaufsgesprächs erneut zu einer Führungsaufgabe und es gilt wieder der Anspruch einer professionellen Harmonisierung.

Also werden ein Coach oder der coachende Vorgesetzte als unsere „Wunschfigur" die Bewertung und das Feedback sowohl am wirtschaftlichen Ergebnis des Verkaufsgesprächs festmachen als auch an der erkennbaren Umsetzung der Instrumente des **strukturierten Verkaufsgesprächs** und den Kompetenzen des **Customer Chairs.**

Das führt uns zu folgender Frage: Was macht einen guten Coach oder einen coachenden Vorgesetzten beim Direktfeedback nach einem gemeinsamen Verkaufsgespräch in der „Bordsteinkonferenz" aus? Unsere Antwort dazu lautet: **Nachvollziehbarkeit.**

Nachvollziehbarkeit bedeutet, das Feedback nicht mittels theoretischen Betrachtungen oder allgemeinen, unkonkreten Aussagen zu führen („War ein ganz guter Kundenbesuch" oder „Das war ein nettes Verkaufsgespräch" und „Auch der Kunde war gut gelaunt"), sondern einen konkreten Input zu liefern, also die Umsetzung der Instrumente an konkreten Beispielen des gerade erlebten Verkaufsgesprächs festzumachen. Ein in dieser Form nachvollziehbares Feedback entwickelt den Mitarbeiter effektiv.

6.2   Tendenz zum Plan B

Durch das Umfeld entlang der Corona – Pandemie, mit den einhergehenden Kontaktbeschränkungen und weiteren Restriktionen, haben sich zahlreiche Unternehmen zwangsläufig alternative Verkaufswege erschlossen. Und auch unabhängig von der Pandemie gibt es die Notwendigkeit zur Anpassung auf sich ständig verändernde Rahmenbedingungen.

Daraus entsteht die Notwendigkeit, alternative Wege zu durchdenken. Manche dieser **B-Pläne** bleiben Notfallpläne oder selten genutzte Pläne, andere sind mittlerweile zu einer tragenden Säule des wirtschaftlichen Erfolgs aufgestiegen. (siehe insbesondere **Sales Excellences** Nr. 1 bis 3)

Insgesamt bleibt zu hoffen, dass **B-Pläne** nicht nur durch Krisen entstehen, sondern dass das zentrale Learning lautet: Investieren Sie dauerhaft Zeit für die Analyse der Notwendigkeiten oder Möglichkeiten zum **Change**, also für die Realisierung von lohnenden Veränderungen, beispielsweise indem „alte Zöpfe" abgeschnitten werden.

Dazu passt der Ansatz von Charlie Munger, einem Freund von Warren Buffet und Vorsitzenden von Berkshire Hathaway, der die notwendige Position eines „Chief Destruction Officer, CDO" im Unternehmen sieht (BetterWork Media Group, 2006; siehe auch Schäfer, 2008). Aufgabe dieser Position ist es, den Status Quo ständig in Frage zu stellen. Auch wenn dieser Begriff etwas martialisch klingt, im Kern ist der Ansatz lohnenswert. Wir leiten daraus die Empfehlung eines CPBO ab, d. h. eines „Chief Plan B Officers".

Dieser Plan-B-Verantwortliche hat dabei nicht nur die Kernaufgabe, neue Maßnahmen zu ersinnen und zu erproben, denn im strengeren Sinne ist eine Plan-B-Idee häufig eine Ableitung eines bisher bestehenden Verkaufsmodells. Sondern er oder sie sollte auch immer prüfen und sicherstellen, dass die Instrumente des **strukturierten Verkaufsgesprächs** in dem neuen Setting anwendbar sind, oder ggfs. angepasst werden müssen.

In einer Zeit, in der (vertrieblicher) **Change** unverhoffter, schneller und massiver sein kann, als jemals zuvor, ist es also so eine „kaufmännische Sorgfaltspflicht", einen **Plan B** im erweiterten Horizont mitzuführen. Praktisch gesehen geht es darum, in der Organisation einen Themen-und Ideenspeicher anzulegen, der Ideen und Fragmente von Ideen für zukünftige Verkaufschancen beinhaltet. Wir appellieren an dieser Stelle an die Entscheider in Vertriebsorganisationen, die ganze Organisation an diesem Themenspeicher zu beteiligen.

Für das Verständnis eines entwicklungsorientierten Themen- und Ideenspeichers ist wichtig, dass dieser nicht zu einem Wunschbrunnen der persönlichen Bedürfnisse verkommt darf. Der Wunsch nach einem größeren Dienstfahrzeug oder einem schnelleren Laptop hat mit einem **Plan B** nichts zu tun. Auch der Ruf nach neuen Produkten sollte eher untergeordnet bleiben, denn einerseits besteht diese Forderung tendenziell durchgehend und wird andererseits gerne als Deckmantel für ausbleibende Verkaufserfolge benutzt: „Wenn wir nur die richtigen Produkte hätten, könnten wir auch verkaufen." Diese oder ähnliche Aussagen begleiten häufig Situation, in denen es vertrieblich nicht so läuft, wie gewünscht. Es handelt sich vielfach um (zu kurz gesprungene) Rechtfertigungen, weil sie womöglich von den eigentlichen Ursachen ablenken.

Als Entscheider sollten Sie in dieser Situation klare Fragen formulieren: „Wie können wir uns unter bestehenden und möglicherweise nicht zu ändernden Rahmenbedingungen besser aufstellen?" Und diese beiden Fragen sollten im Themen- und Ideenspeicher gesetzt sein: „Ist unser **strukturiertes Verkaufsgespräch** noch auf höchstem Level? Wenden wir die notwendigen Instrumente an?" Da die in diesem Buch angebotenen Instrumente nicht den Anspruch auf Vollständigkeit haben, lautet eine weitere Frage: „Gibt es andere oder neue Instrumente, die wir als Verkäufer anwenden müssen?"

6.3 Erkennbare Muster in der Priorisierung der Instrumente

In den 17 geführten Interviews mit den **Sales Excellences** fragten wir nach der grundsätzlichen Gewichtung der einzelnen Instrumente der strukturierten Verkaufsgespräche in der jeweiligen Branchenpraxis. Für eine übersichtliche Darstellung haben wir bei der Auswertung die **Cluster** Neukunde, Bestandskunde mit hoher Taktfrequenz und Bestandskunde mit niedriger Taktfrequenz gewählt. Diese Cluster haben wir dann nach den Instrumenten mit den Ausprägungen „unwichtig, wenig wichtig, sehr wichtig, erfolgskritisch" bewertet (Abb. 6.2).

Priorisierung der Instrumente (Toolbox)

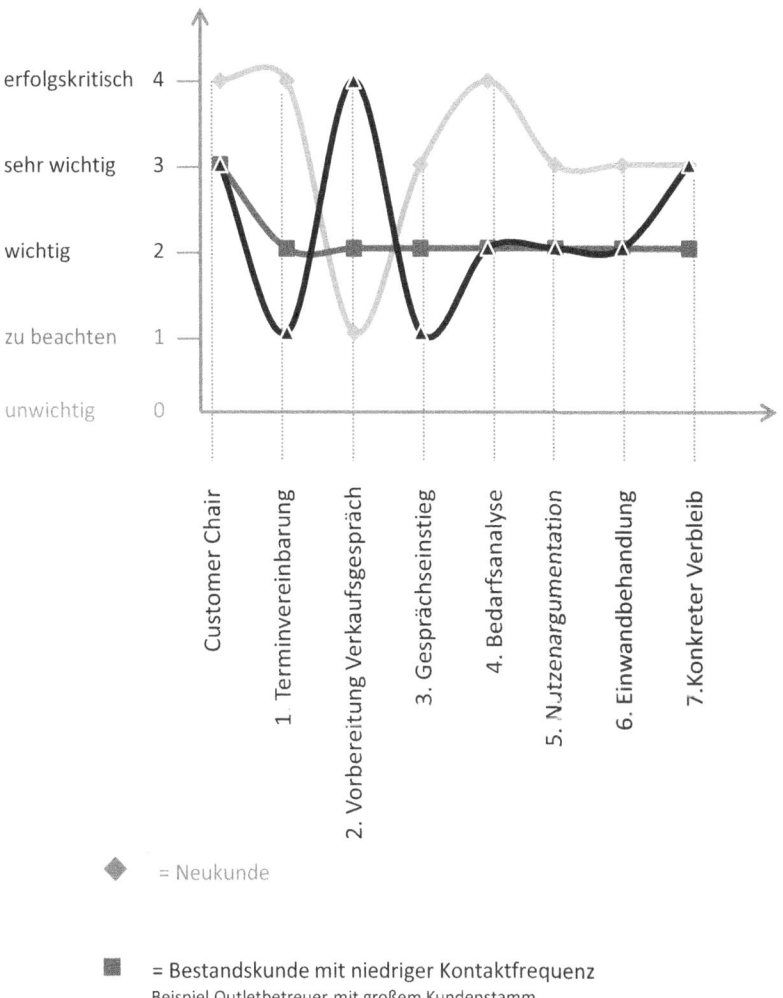

Abb. 6.2 Priorisierung der Instrumente (Toolbox)

(1) Der **Customer Chair** wurde für alle 3 **Cluster** als „erfolgskritisch" oder zumindest „sehr wichtig" bewertet. Diese Tatsache bestätigt unsere angenommene Universalität. Wenig überraschend gilt das auch für das Instrument der **Bedarfsanalyse**. Wir haben in den Kapiteln zuvor wiederholt darauf hingewiesen, dass das eine ohne das andere Element nicht funktioniert. Weder sollte sich der Verkäufer der latenten Gefahr des **Nutzen-Duschen-Monologes** aussetzen, noch sollte er zum **Marktschreier** werden.

(2) Wenig überraschend ist das Muster für das Instrument der **Terminvereinbarung**. So simpel wie der Zusammenhang erscheint, so erfolgskritisch wurde er wiederholt beschrieben: Ohne die erfolgreiche **Terminvereinbarung** bei potenziellen Kunden wird es nicht zum Einsatz weiterer Instrumente kommen, weil eben kein Gespräch stattfindet. Gleichzeitig profitieren Verkäufer bei **Terminvereinbarungen** mit langjährigen Kunden naturgemäß vom bis dahin aufgebauten Vertrauensverhältnis.

(3) Das Instrument der **inhaltlichen Vorbereitung** auf das Verkaufsgespräch ist „sehr wichtig" beim Bestandskunden mit hoher Taktfrequenz. „Man kennt sich" und damit die Verhaltensweisen des jeweils anderen und kann schnell zum Thema kommen. Das Instrument ist „weniger wichtig" im Bereich Neukunde, da dieser zunächst auf einer menschlichen Ebene abgeholt werden muss, und relevante Sachthemen in der Regel erst in folgenden Terminen vorbereitet werden.

(4) Der **Gesprächseinstieg** erscheint gerade für das Neukundengespräch als „sehr wichtig". Die Begründung liegt hier in der Idee der **Positivkette**, die beim Neukunden ohne Unterbrechung verfolgt werden sollte. Analog zur **Terminvereinbarung** wird die Bedeutung für den Bestandskunden mit hoher Kontaktfrequenz „weniger wichtig".

(5) Es ist kein Widerspruch, dass die **Nutzenargumentation** gerade für den Neukunden als „sehr wichtig" betrachtet wird. Falls es dazu schon in einem Erstgespräch kommt, muss die Argumentation sitzen. Sie darf nicht unsicher oder nichtssagend sein, sonst erfährt die angestrebte **Positivkette** ein frühes Dilemma. In diesem Sinne ist eine starke **Nutzenargumentation** auch ein gelungenes Signal an

Neukunden, dass der Verkäufer mit dem Input aus dem Erstgespräch erst einmal seine Hausaufgaben machen möchte, um dann in einem folgenden Gespräch kundenbedarfsgerecht argumentieren zu können.

(6) Die **Einwandbehandlung** spielt die erwartete Rolle. Ist der Verkäufer in der Lage, die Einwände als Interesse des Kunden zu erkennen, bietet sich die Chance für einen gewinnbringenden Dialog auf Augenhöhe. Insbesondere das Thema der **Reklamation**, hat im Bereich der Bestandskunden mit hoher Kontaktfrequenz eine „erfolgskritische" Bedeutung. Kundenbindung bedeutet in diesem Sinne die Bereitstellung einer raschen und zufriedenstellenden Lösung mit einer angemessenen, emotionalen Beteiligung des Kunden.

(7) Der absolute Wille beim Bestandskunden mit hoher Kontaktfrequenz zu neuen Geschäften zu kommen (und nicht nur Bestandspflege zu betreiben), lässt sich in der „erfolgskritischen" Einordnung beim **konkreten Verbleib** nachvollziehen.

(8) Wenig überraschend gab es die Bewertung „unwichtig" in keiner Branche und in keinem Cluster beim **strukturierten Verkaufsgespräch**.

7

Physisches Gespräch vs. Online-Talk vs. Online-Seminar

„Mit dem Wachstum der digitalen Kanäle nehmen auch die Kommunikationswege der Verkäufer zu." Solche oder ähnliche Statements hörten wir bei den Interviews häufig, verbunden mit dem Hinweis, dass die Kontaktbeschränkungen der Corona-Pandemie einen Trendbeschleuniger darstellen.

An dieser Stelle ist folgende kritische Frage legitim: Muss der Verkäufer heute und übermorgen alle Kommunikationskanäle für das Verkaufsgespräch nutzen und beherrschen?

Bei genauer Betrachtung ist das Thema komplexer. Durch die diversen Online-Optionen existieren faktisch zusätzliche Möglichkeiten, um mit Kunden in ein **strukturiertes Verkaufsgespräch** einzutreten. Gleichzeitig beobachten wir den Trend, verkäuferische Tätigkeiten mit physischen Kontakten möglichst von administrativen Tätigkeiten abzukoppeln (siehe **Sales Excellences**).

Das eine tun ohne das andere zu lassen, beschreibt aus unserer Sicht die Realität, die von vielen Unternehmen angestrebt wird.

Vorab wollen wir die unterschiedlichen Kommunikationsinstrumente eingrenzen. Die Social-Media-Kanäle LinkedIn, Facebook, Xing, Twitter etc. haben in der B2B-Kommunikation eine wichtige Aufgabe, indem

D. Döring, M. Zeller, *Das strukturierte Verkaufsgespräch*,
https://doi.org/10.1007/978-3-658-37166-1_7

allgemein über Unternehmen, Produkte und Personen informiert wird, Leistungen aufgezeigt werden und so Interesse beim Kunden aufgebaut wird. Diese Phase ist unserem strukturierten Verkaufsgespräch quasi vorgeschaltet und steht nicht im Fokus unserer Betrachtung. E-Mails können zusätzlich oder alternativ zum Telefon Verkaufsgespräche vorbereiten bzw. bei wiederkehrenden Bestellungen zu gleichen Rahmenbedingungen das physische Verkaufsgespräch teilweise ersetzen. Messenger-Dienste allgemein und insbesondere WhatsApp haben den Vorteil der (je nach Anbieter) großen Reichweite und einfachen Nutzung. Kurze Fragen lassen sich schnell beantworten oder ein Termin lässt sich einfach verschieben.

Diese „einfache Reaktion" zeigt jedoch bereits die Grenzen auf. Ein Termin ist auch schnell durch den Kunden ganz abgesagt. Hinzu kommen Einschränkungen aus Datenschutzsicht. WhatsApp ist im Kern auf die private Nutzung ausgelegt.

Tatsächlich betrachten wollen wir hier die Nutzung von Video-Tools wie Zoom, Teams, Skype, GoToMeeting etc. d. h. die Live-Übertragung von Bild und Ton bzw. den **Online-Talk** als Ersatz oder zusätzlich zum physischen Verkaufsgespräch, auch Remote Selling bzw. Verkaufen aus der Ferne oder der Distanz genannt.

Die Vorteile liegen auf der Hand: Gespräche sind trotz Kontaktbeschränkungen bzw. ohne Ansteckungsrisiken in Pandemiezeiten möglich. Anreisezeiten und Reisekosten entfallen, die Einsparungen können durchgereicht werden oder in eine höhere Kontaktfrequenz investiert werden. Online Meetings bieten multimediale Möglichkeiten, indem interaktive Präsentationen geteilt werden.

Obwohl es Videokonferenzen bereits seit vielen Jahren gibt, haben die Erfahrungen während der Corona-Pandemie aber auch die Grenzen von **Online-Talks** aufgezeigt. Es gilt: Je größer der Personenkreis, desto höher die Wahrscheinlichkeit von potenziellen Störfaktoren.

Nehmen wir als Beispiel ein Jahresgespräch im deutschen Handel – eine Videokonferenz mit bis zu 5–6 Personen: Zu spät kommende Teilnehmer müssen begrüßt werden. Bei steigender Anzahl an Teilnehmern besteht die latente Gefahr, dass einer oder mehrere der Beteiligten technische Probleme mit der Internetverbindung oder der Hardware beheben müssen. **Online** führt in diesem Fall nicht zu einer Verkürzung, sondern kostet wertvolle Rüstzeit und erzeugt nicht immer die erwünschten Wirkungen (auf den Kunden).

Dabei kann die Intensität der **Online-Gespräche** sogar höher sein: Man ist nah am Kunden dran und kann zusätzlich sich selbst beobachten. Dazu passt dieser Originalton von Andreas Niehaus aus den **Sales Excellences**: „Ich bekomme ständig selbst vor Augen geführt, ob mir meine Gesichtszüge entgleiten."

Energetisch erscheint der Online-Termin erschöpfender. Eine mögliche Erklärung dabei ist, dass Sie als Verkäufer ständig Auge in Auge mit dem Kunden sind. Die Entfernung der Gesichter ist deutlich geringer als im **physischen Gespräch**. Es fällt sofort auf, wenn Sie den Blick von der Kamera nehmen und könnte als Desinteressiere wahrgenommen werden. Physische Termine schaffen dagegen die Möglichkeit, mehr Distanz zu wahren. Gerade bei mehreren Personen im Raum, können Sie gelegentlich „unbeobachtet" den Blick schweifen lassen.

Es kostet zusätzliche Energie, dass Sie nicht den gesamten Raum erfassen können und es ist nicht umfassend möglich, die Stimmung im Raum wahrzunehmen. Im Englischen passt dazu der Begriff „ruled the roost", also „das Terrain beherrschen" oder „das Sagen haben" und im erweiterten Sinne „die Stimmung im Raum wahrnehmen". Das ist ein verunsichernder Aspekt, der dann grundsätzlich zu noch mehr Aufmerksamkeit und zu mehr benötigter Energie führt.

Zudem fehlt der Cool-Down, also die Phase nach dem physischen Gespräch durch die Rückfahrt oder die Wartezeit am Flughafen etc., da in dieser Zeit normalerweise eine genaue und auch emotionale Reflektion des Gesprächs stattfindet. Der Cool-Down nach Online-Gesprächen ist dagegen häufig kürzer und wird durch weitere Online-Termine unterbrochen. Ein zentrales Learning sollte daher sein, sich die Phasen des Cool-Downs nach Online-Gesprächen vorher einzuplanen.

Die Vorbereitung auf Online-Verkaufsgespräche erscheint zudem aufwendiger, weil zusätzlich Sorge für einen Plan B getragen werden muss, wenn das technische Equipment auf einer der beiden Seiten nicht funktioniert.

Sehr interessant ist auch der Hinweis von einigen **Sales Excellences**, dass sich nicht genau überblicken lässt, wer ggfs. noch mit im Raum ist

d. h. wer durch die Kamera nicht erfasst wird. Psychologisch gesehen ist das ein ganz wichtiger Punkt.

Für den Vertrieb ergibt sich daraus nach unserer Einschätzung eine spannende Entwicklung: **Physische Verkaufsgespräche** sind im B2B-Bereich eine Ergänzung und nicht komplett zu ersetzen. Aber auch in hochpreisigen B2C-Segmenten und vor allem in Situationen, in denen die Werte Verlässlichkeit und Vertrauen eine übergeordnete Rolle spielen, werden Kunden weiterhin physische Gespräche fordern (siehe auch **Sales Excellence** Spaß am Gewinn). Dort vermittelt das persönliche Gespräch die notwendige und erwünschte Wirkung.

Die Schlussfolgerungen vieler Sales Excellencen lassen sich wie folgt zusammenfassen: Man blickt mit Vorfreude darauf, auch wieder physische Termine wahrnehmen zu können. Bei wirklich wichtigen Verkaufsgesprächen oder Endverhandlungen kann nur so die Stimmung im Raum kompletter wahrgenommen werden. Online-Talks werden aber bleiben, vor allem für kurze Abstimmungen.

Passend zum Thema haben wir als Autoren prägende Erfahrungen mit unserem Online-Seminar **„Strukturiertes Verkaufsgespräch"** an der Hochschule Heilbronn gesammelt, das wir aufgrund der Pandemie über mehrere Semester ausschließlich online durchgeführt haben. Die Studierenden nahmen das Angebot überwiegend sehr dankbar an und konnten gute erste Eindrücke mitnehmen. Ein vollwertiger Ersatz für eine physische Vorlesung war es aus unserer Sicht nicht. Auch wir durften die Bandbreite an technischen Einschränkungen erleben, wie z. B. schwaches WLAN, leerer Akku oder defekte bzw. fehlende Kamera. Eine gewisse digitale Lässigkeit bei der Auslegung der Pünktlichkeit war ebenfalls gelegentlich zu beobachten, was leider bei Schulungen dazu führen kann, dass alle Beteiligten verzögert anfangen.

Inhaltlich war die Grenze der Online-Kommunikation im Seminar dann erreicht, wenn Produkte und deren Haptik eine Rolle spielten bzw. wenn tasten, schmecken und riechen notwendig wurde, beispielsweise in der Erklärung von Funktionsweisen von Gerätschaften oder bei Genussmitteln. Auch komplexe theoretische Konzepte, die mittels einer Präsentation vorgestellt wurden, litten unter der eingeschränkten Möglichkeit der Interaktion. Beim Online-Verkauf von Innovationen durch Studierende als „Selling-Team" an die Dozenten als „Buying-Team" entstanden

Situationen analog zum TV-Pitch-Format „Die Höhle der Löwen." Insgesamt hätten wir die zu verkaufenden Produkte und auch die verkäuferischen Situationen bevorzugt mit allen Sinnen wahrgenommen. Oder können Sie sich die „Höhle der Löwen" ausschließlich online vorstellen?

In Teilen erscheint uns ein Online-Seminar auch deutlich anstrengender als die physische Variante, beispielsweise wenn es darum geht, Zuhörer aus ihrer „Konsumentenrolle" herauszulösen, indem nicht nur Wissen referiert wird, sondern die Teilnehmenden aufgefordert werden, selbst Lösungen zu erarbeiten. Das dafür geeignete sprachliche Mittel der offenen Frage lebt von einer physischen Interaktion, beispielsweise durch eine schnelle Antwort aus dem Teilnehmerkreis. Das ist im physischen Seminar im Idealfall eine Frage von Sekunden und wird in einer engagierten Gruppe zum Wettbewerb zwischen den Personen, die Antworten auf offene Fragen am schnellsten bereitstellen wollen. Im Online-Seminar kann bei einer offenen Frage folgendes passieren: Stille! Niemand antwortet.

Diese Situation des Abtastens und Abwartens entsteht auch aus einem fehlenden positiven Druck, der beim physischen Meeting durch die Körpersprache der Beteiligten entsteht.

Lassen sich diese Learnings aus Online-Seminaren nun auf alle Online-Talks im „gewerblichen" Verkauf übertragen? Nein. Es zeigt jedoch digitale Grenzen auf.

.

8

Auswertung Sales Universes

In den Interviews haben wir nicht nur nach der Gewichtung der einzelnen Instrumente beim strukturierten Verkaufsgespräch gefragt, sondern auch danach, wie die **Positionierung** des eigenen Unternehmens oder auch der verkauften Produkte und Dienstleistungen im Sinne einer internen Perspektive bzw. eines Selbstbildes eingeschätzt und im Vertrieb eingesetzt wird. Als Kategorien haben wir die Ausprägungen (stärkste) Marke, (günstigster) Preis, (bestes) Produkt und beste(r) Beratung/Verkauf vorgegeben und jeweils nach einer Haupt- und einer Nebenausprägung gefragt (siehe Abb. 8.1).

Die von uns genannten Kategorien ergeben sich aus der Überlegung, dass sich die Kriterien in gewissem Umfang gegenseitig ausschließen. Beispielsweise widersprechen sich die **Positionierungen** stärkste Marke und günstigster Preis, ebenso z. B. die Ausprägungen günstigster Preis und bestes Produkt.

Tatsächlich wurde „bester Verkauf" als Hauptausprägung mit 11 Nennungen bei 17 Interviews am häufigsten genannt und „günstigster Preis" als Hauptausprägung überhaupt nicht. Auf den Plätzen 2 und 3 bei den Hauptausprägungen folgen Produkt und Marke. Vergleichbar sieht es bei den Nebenausprägungen aus (siehe Abb. 8.2).

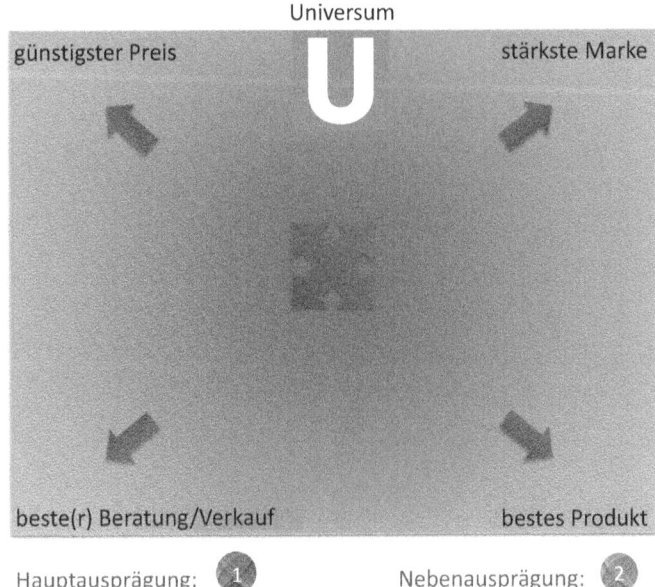

Universum
U
günstigster Preis
stärkste Marke
beste(r) Beratung/Verkauf
bestes Produkt
Hauptausprägung:
1
Nebenausprägung:
2

Abb. 8.1 Positionierung der Sales Excellences

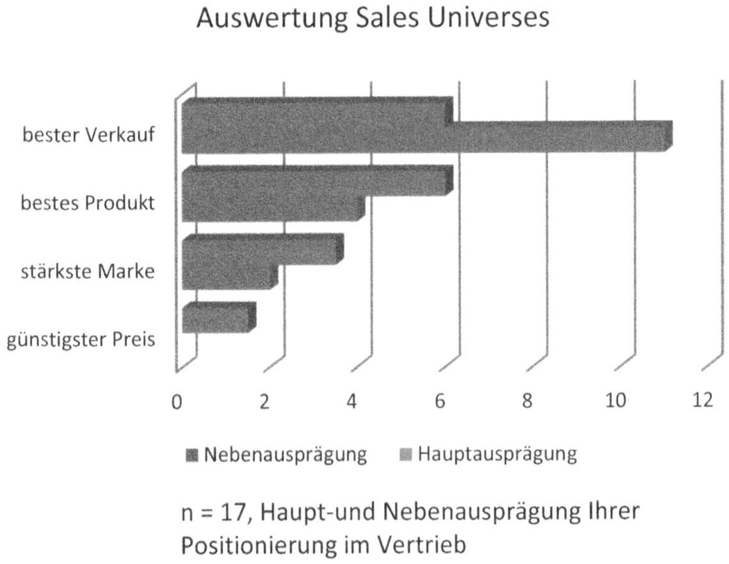

Auswertung Sales Universes
bester Verkauf
bestes Produkt
stärkste Marke
günstigster Preis
0
2
4
6
8
10
12
Nebenausprägung
Hauptausprägung
n = 17, Haupt-und Nebenausprägung Ihrer Positionierung im Vertrieb

Abb. 8.2 Auswertung Sales Universes

Bei der Interpretation der Antworten ist zunächst zu beachten, dass wir mit „verkaufsorientierten" Interviewpartnern gesprochen haben und somit in gewisser Weise zu erwarten war, dass dem Verkauf eine hohe Bedeutung zugesprochen wird. Diese Positionierung, ergänzt durch ein gutes Produkt bzw. eine starke Marke, halten wir auch aus externer Sicht bei diesen Unternehmen für grundsätzlich richtig. Allerdings haben wir nur jeweils ein Unternehmen aus einer Branche befragt. Bei einer tiefergehenden Analyse von mehreren Unternehmen, die sich im direkten Wettbewerb befinden, wäre sicherlich noch die Frage einer notwendigen und sinnvollen Differenzierung im Positionierungsuniversum zu stellen.

Wie passt nun die aus unserer Sicht hohe Bedeutung der Verkaufsqualität zu den Erwartungen und Zielen der Kunden bzw. nach welchen Kriterien entscheiden sich diese überhaupt für Unternehmen A oder B? Oder anders gefragt: Welche Ausprägungen haben insgesamt welche Bedeutung als Entscheidungselement?

In einer Studie aus dem Jahre 2017 wurden B2B-Lieferantenentscheidungen im Absatzkanal Gastronomie (Zeller & Drescher, 2017) bei 154 gastronomischen Unternehmen über 20 Kriterien mit einer 5er Skala von „keine Bedeutung" bis „sehr hohe Bedeutung" abgefragt. Vergleichbar mit unseren Sales Universes, wurden unter anderem folgende Kriterien bewertet:

- Angebotene Marken (vergleichbar mit unserer Ausprägung „stärkste Marke" im Sales Universe)
- Einkaufspreis (vergleichbar mit der Ausprägung „günstigster Preis")
- Sortimentsbreite und -tiefe (vergleichbar mit der Ausprägung „bestes Produkt")
- Qualität der Außendienstbetreuung (vergleichbar mit der Ausprägung „beste(r) Beratung/Verkauf")

Unsere vier Positionierungen belegten in der Umfrage nach der Bedeutung bei den Entscheidungen für einen Lieferanten Platz 3 mit dem Einkaufspreis, Platz 7 mit der Außendienstbetreuung, Platz 8 mit der

Sortimentsbreite-/tiefe und Platz 11 mit den angebotenen Marken. Die Top-2-Nennungen (von 20) waren 1. Lieferung in gleichbleibender Qualität und 2. Lieferung zu vereinbarten Terminen.

Haben wir hier einen Widerspruch aufgedeckt, da die Qualität im Verkauf nicht unter den Top-3-Kriterien zu finden ist? Oder haben wir gar einen Widerspruch aufgedeckt zwischen dem Selbstbild der interviewten Unternehmen bzw. Personen und den Zielen ihrer Kunden? Aus unserer Sicht nicht. Die hohe Preis-Bedeutung gehört zum Tagesgeschäft im Vertrieb und wird von weiteren Studien bestätigt. Und die Bewertung der Zuverlässigkeit bei der Lieferung kann der Außendienst maßgeblich beeinflussen, z. B. indem beim Verkaufsgespräch logistische Rahmenbedingungen zugesagt werden, die das Unternehmen auch halten kann.

Diese beispielhafte Einkaufsstudie soll weiterhin aufzeigen, dass es unerlässlich ist, die eigene Soll-Positionierung in Marketing und Vertrieb mit den Zielen der Kunden abzugleichen: Wie wichtig ist dem Kunden grundsätzlich der „beste Vertrieb beim Lieferanten" bzw. nimmt der Kunde diese Positionierung auch als „erreicht" wahr – im Sinne von Selbst- versus Fremdbild? Und: Wie kritisch ist der „günstigste Preis" als dauerhaftes Hauptargument insbesondere bei Unternehmen zu sehen, die im hohen Maße in die Qualität bei Marke, Produkt und Vertrieb investieren?

Wie kann nun ein Marktumfeld aussehen, bei dem die Beratungsqualität im Vertrieb in stärkerem Umfang die Kaufentscheidungen dominiert? Etwa so: Die angebotenen Produkte sind stark erklärungsbedürftig bzw. die Unterschiede zwischen angebotenen Produkten können (nur) durch den Außendienst vermittelt werden. Darüber hinaus kann die Beratung durch den Außendienst dazu führen, dass sich der Kunde selbst besser in seinem Wettbewerbsumfeld durchsetzt, indem ihm erklärt wird, mit welchen Angeboten er sich bei seinen (End)Kunden durchsetzt.

Welche weiteren Ausprägungen sind denkbar? Beispielsweise Unternehmen, die starke, differenzierte bzw. einzigartige Marken, Produkte bzw. Sortimente oder auch Produkt-/Servicebündel anbieten, mit denen auch der Kunde einen einzigartigen Wettbewerbsvorteil erlangen kann oder Unternehmen, die ein knappes Produkt im Angebot haben – d. h. die Nachfrage ist höher als das Angebot.

Im Hinblick auf eine optimierte **Kosten-Nutzen-Bilanz** der Vertriebsorganisation sind die Ergebnisse der oben genannten Studie und die Dis-
kussionen zur Preisrelevanz sicherlich auch eine Anregung, regelmäßig zu
prüfen, wie Besuche der Außendienstmitarbeiter effektiver bzw. effizienter gestaltet werden können.

Hier möchten wir ein weiteres Thema nochmals platzieren: Der zunehmende Druck auf Verkäufer löst dort gelegentlich eine Haltung aus,
Gründe für schlechte Verkaufsergebnisse bei „den anderen" Unter-
nehmensbereichen zu suchen. Ein gern gewähltes Ziel ist die „Produk-
tion", weil dort nicht ausreichend produziert wurde, oder die Logistik,
weil „fehlerhaft" geliefert wurde. Selbstverständlich müssen Fehlerquellen
analysiert werden. Hierzu zählt aber auch der Grundsatz, dass niemand
den Kunden so gut kennen sollte, wie der zuständige Verkäufer. Daraus
lässt sich die Forderung ableiten, dass der Verkäufer auch eine starke Verantwortung bei der Produktionsplanung hat bzw. insgesamt dafür, dass
ein erfolgreiches Unternehmen in allen Bereichen verkaufsorientiert
denkt und der Kundenbetreuer sich als zentrale Schnittstelle sieht, bei
dem die Fäden der Verantwortung zusammentreffen.

In der Formal 1 gewinnt häufig nicht derjenige Fahrer, dessen Auto
den stärksten Motor hat, sondern derjenige, der die beste Reifenwahl ge-
troffen hat. Das ist der erfolgskritische Faktor, da häufig das Motoren-
und Fahrwerksmaterial sehr eng beieinanderliegen. Es gewinnt also derjenige, der in der Lage ist, die beste **Verbindung** aller vorbereitenden
Maßnahmen mit den tatsächlichen Anforderungen herzustellen.

Diese Analogie beschreibt exakt die Notwendigkeit des strukturierten
Verkaufsgesprächs für den vertrieblichen Erfolg.

Der Markenauftritt eines Unternehmens kann alle Medien durch-
dringen, die Produkte und Dienstleistungen eines Unternehmens können top positioniert sein, die Unternehmensstrategie fein erdacht und
aufgeschrieben sein. Wenn dieses Gesamtpaket dem Kunden jedoch
nicht professionell dargestellt wird, dann werden die PS eben nicht auf
die Straße gebracht.

Die Belege aus den Interviews sind nach unserem Dafürhalten dann
auch eindeutig: Selbst bei einem sehr starken Markenauftritt (Harley Da-

vidson, Deutsche Post/DHL) oder gerade dann, wenn Produkte vergleichbar werden (Müller Fleisch, Heidemark), spielen die Interviewten den Ball für die Hauptausprägung ausnahmslos immer in die untere linke Ecke, also in die Ausprägung **Beratung/Verkauf**.

9

(Job-)MARKT und Stellenbeschreibungen für Verkäufer

Lieber Leserinnen und Leser, wenn Sie sich für zu Hause einen Handwerker bestellen, dann erwarten Sie zu recht, dass diese Person sein Handwerk beherrscht. Wenn Sie in den Stadtbus einsteigen, dann ist es völlig normal, dass vorne am Lenkrad ein Mensch sitzt, der eine Lizenz erworben hat und damit nachgewiesen hat, dass er dieses schwere Gerät fahren kann. So können Sie weiter Beispiele sammeln, in denen viele Berufe bereits in der Titulierung die Fähigkeiten und Fertigkeiten beschreiben, die Sie beherrschen müssen.

Wenn ein Unternehmen Verkäufer (m/w/d) sucht, dann gibt auch dieser Titel zum Ausdruck, was die Gesuchten können müssen: Verkaufen!

Wir fragen uns: Warum wird in Stellenausschreibungen nicht nach dem Handwerkszeug gefragt, das dieser Mensch als Kernkompetenz können sollte – nämlich, die Kenntnis und Beherrschung des **strukturierten Verkaufsgesprächs**?

Gehen wir der Sache einmal auf den Grund und schauen uns den Markt der Verkäufer nun zunächst inhaltlich bzw. qualitativ mit dieser Frage an: Welche Jobprofile in welcher Ausprägung lassen sich finden?

Eine Strukturierung der **Jobprofile** lässt sich mit folgenden Ansätzen verfolgen: anhand der Branche bzw. der Produkte/Dienstleistung

D. Döring, M. Zeller, *Das strukturierte Verkaufsgespräch*, https://doi.org/10.1007/978-3-658-37166-1_9

(z. B. Nahrungs-/Genussmittel oder spezieller z. B. Bier) oder anhand der Kundengruppe (z. B. Einzelhandel), der Hierarchie (ohne/mit Führungsverantwortung), der Berufserfahrung (z. B. Berufseinstieg) oder anhand der Region, in der verkauft werden soll (z. B. südliches Niedersachsen). Diese Struktur lässt sich mit folgendem Beispiel aufzeigen:

Gesucht wird von einer Brauerei ein **Gebietsverkaufsleiter** (m/w/d), für den Bereich Handel, in Berlin, ohne Führungsverantwortung.

Neben der Beschreibung des Unternehmens und der zu verkaufenden Produkte werden in einem Jobprofil bzw. in einer Stellenbeschreibung unter anderem folgende Aufgaben genannt:

- Sicherung und Ausbau der Distribution im Vertriebsgebiet im Lebensmitteleinzelhandel
- Betreuung der bestehenden Kunden
- Akquise von neuen Kunden
- Ausschöpfung der vorhandenen Absatzpotenziale
- Planung und Durchführung von Verkaufsfördermaßnahmen
- Gebiets- und Kundenanalyse
- Budgetplanung

Abschließend werden in diesem Beispiel die notwendigen Eigenschaften genannt, die Bewerber mitbringen sollen:

- Kaufmännische Berufsausbildung
- Branchenerfahrung im Lebensmitteleinzelhandel
- Kommunikationsfähigkeit
- EDV-Kenntnisse
- Führerschein

Nun möchten wir unsere eingangs gestellte Frage an diesem Beispiel wiederholen: Wo wird das verkäuferische Können abgefragt? Im Handwerk wird nach Meister- oder Gesellenbriefen gefragt und der Übungsleiter für Freizeitsportkurse braucht in der Regel einen Übungsleiterschein. Vor diesem Hintergrund gefällt uns folgendes Beispiel besser:

Gesucht wird von einer Brauerei ein **Verkaufsleiter** (m/w/d) für den Bereich Gastronomie/Getränkefachgroßhandel in Bayern mit Führungsverantwortung für mehrere Gebietsverkaufsleiter.

Aufgaben:

* Strategische Planung und operative Umsetzung der Vertriebsaktivitäten für die Marke … im Verkaufsgebiet
* Führung der Gebietsverkaufsleiter über Ziele
* Potenzialentwicklung der Gebietsverkaufsleiter
* Coaching der Gebietsverkaufsleiter bei den Instrumenten des strukturierten Verkaufsgesprächs
* Betreuung der Schlüsselkunden
* Budgetplanung und -verantwortung
* Entwicklung von innovativen Maßnahmen, Strukturen und Prozesse zur Weiterentwicklung der Marke … und der Brauerei in Abstimmung mit der Geschäftsleitung

Kompetenzen:

* Betriebswirtschaftliches Studium
* Mehrjährige Verkaufs- und Führungserfahrung
* Empathischer Führungsstil
* Durchsetzungskraft, Kommunikations- und Teamfähigkeit
* Anwendungssicherheit im strukturierten Verkaufsgespräch, insbesondere in den Bereichen Bedarfsanalyse und Nutzenargumentation

Bei der genauen Analyse der Tätigkeiten und Kompetenzen der beiden Stellenprofile erschließt sich nochmals folgender Zusammenhang: Für den Gebietsverkaufsleiter nimmt das **strukturierte Verkaufsgespräch** den Großteil der Tagesarbeit ein. Bei der Verkaufsleitung findet das Wissen darüber Einsatz bei den **Verhandlungen** mit den Schlüsselkunden sowie bei der Mitfahrt und beim **Coaching** bzw. bei der Potenzialentwicklung der Gebietsverkaufsleiter.

Daraus leiten wir folgenden **1. Appell** ab. Liebe Geschäftsführer, Vertriebsleiter und Personalleiter, unsere Bitte an Sie lautet: Formulieren Sie die Stellenausschreibungen künftig präziser. Bilden Sie ab, was wirklich gefragt ist. Dann werden Sie auch mit einer gewissen Wahrscheinlichkeit genau die Menschen bekommen, die Sie suchen (sollten).

Nun wollen wir noch einen kurzen **quantitativen** Blick auf den Markt der Verkäufer anhand einiger ausgewählter Fakten richten.

- Die Stellenplattform StepStone weist im Februar 2021 beim Suchwort Vertrieb in Deutschland 8656 Treffer und beim Suchwort Verkauf 11.898 Treffer auf (StepStone, 2021)
- Die Würth-Gruppe beschäftigte 2021 über 3000 Verkäufer in Deutschland (Würth, 2021)
- In der deutschen Versicherungsbranche waren 2019 rund 32.000 Außendienstmitarbeiter tätig (Versicherungswirtschaft, 2020)
- Die Stellenplattform Monster weist am Februar 2021 die Zahl von 37.547 bzw. 36.213 Jobs unter dem Suchwort Vertrieb bzw. Verkauf auf
- Unter den über 300 dualen Ausbildungsberufen in Deutschland findet sich der/die Verkäufer*in und spezifisch der/die Fachverkäufer*in im Lebensmittelhandwerk (Die Duale, 2021), ohne dass dabei die Fähigkeit ein strukturiertes Verkaufsgespräch zu führen reflektiert wird.
- Wenn wir einmal annehmen, dass jeder, der mit Kunden zu tun hat, auch direkt oder indirekt verkauft, dann trifft das auf bis zu 3,1 Mio. Beschäftigten im Einzelhandel und bis zu 2 Mio. Beschäftigte im Gastgewerbe in Deutschland zu

Diese Zahlen zeigen aus unserer Sicht die erstaunliche quantitative und qualitative Vielfalt der Schnittstellen zum Kunden auf. Auch wenn sich unser **strukturiertes Verkaufsgespräch** mit komplexeren Verkaufsprozessen auseinandersetzt, können einige Elemente und Grundeinstellungen durchaus Anstöße für viele dieser Tätigkeiten geben.

Wir wollen an dieser Stelle nochmals allgemein für die Arbeit im Verkauf oder Vertrieb motivieren und insbesondere die Zielgruppe der Akademiker ansprechen. Beim Blick in die Zukunft des Marktes für Verkäufer ist von einem hohen Bedarf an motivierten qualifizierten Mitarbeitenden auszugehen. Einfache Verkaufstätigkeiten werden jedoch häufiger automatisiert, anspruchsvolle Jobs im Verkauf erfordern mehr technologisches Verständnis, z. B. im Hinblick auf die Nutzung von professionellen CRM-Systemen.

Abschließen möchten wir mit unserem **2. Apell:** Wir appellieren für mehr Frauen im Vertrieb. Frauen haben nach unserer Erfahrung häufig ein anderes Gespür für die Zwischentöne in einem Verkaufsgespräch. Außerdem: Ein vielfältiges, offenes, diverses Team, in dem unterschiedliche Sichtweisen aus unterschiedlichen Perspektiven (m/w/d) analysiert, diskutiert und genutzt werden, erscheint uns stärker als die männerdominierten Teams, die auch heute noch sehr oft anzutreffen sind.

10

Training des strukturierten Verkaufsgesprächs

In diesem Buch wird häufig erwähnt, dass für den verkäuferischen Erfolg kognitive Erkenntnisse wichtig sind. Die Erkenntnis darüber, dass ein Instrument wirksam ist, muss immer der erste Schritt sein. Um die Instrumente in der verkäuferischen Praxis anwendbar zu machen, muss aber unabdingbar der 2. wichtige Schritt erfolgen: Die Instrumente des strukturierten Verkaufsgesprächs müssen trainiert werden, damit Sie anwendungssicher sind und Ihren ganzen Nutzen für den Verkäufer und den Kunden entfalten können.

Was ist bei diesem Training zu beachten? Training ist die „…systematische Wiederholung gezielter überschwelliger Muskelanspannungen mit morphologischen und funktionellen Anpassungserscheinungen zum Zwecke der Leistungssteigerung." (Hollmann & Hettinger, 2000)

Nehmen wir diese sportmedizinische Definition als Grundlage für folgende Frage: „Wie häufig trainieren Profisportler?"

Je nach Sportart sind 5 bis 6 Trainingseinheiten pro Woche üblich und selbst Freizeitsportler trainieren 1 bis 2 Mal die Woche. Wenn Sie also den Beruf des Verkäufers nicht als Freizeitbeschäftigung ansehen, sondern sich als Profi wahrnehmen, dann sollten Sie sich diese Frage stellen: „Wie häufig trainieren Sie die Instrumente des **strukturierten Verkaufs-**

D. Döring, M. Zeller, *Das strukturierte Verkaufsgespräch*, https://doi.org/10.1007/978-3-658-37166-1_10

gesprächs?" Wir nehmen an, dass Sie Ihre Antwort die Größenordnung von „alle paar Wochen" oder sogar „…Monate" überschreitet.

Damit die Forderung nach Hochwertigkeit im Training deutlich wird, bemühen wir ein paralleles Bild aus dem sportlichen Bereich. Nehmen wir an, Sie buchen eine Trainingsstunde mit einem Tennislehrer, weil Ihnen Ihr eigener Überkopfball nur fallweise gelingt und Sie viele Punkte durch diesen nicht sauber beherrschten Schlag verlieren. Wenn Sie nun einen guten Coach an Ihrer Seite haben, dann hat dieser die **idealtypisch erkennbaren Muster** der zu trainierenden Technik theoretisch verinnerlicht und kann diese Merkmale auf dem Platz auch praktisch demonstrieren.

Damit haben wir die zwei wesentlichen Merkmale beschrieben, die zu einer signifikanten Verbesserung im Ablauf Ihres Überkopfballes führen werden. Einerseits die **Trainingsqualität,** die stark von der beschriebenen Kompetenz des Trainers beeinflusst wird, und andererseits die **Trainingsquantität.** Es ist einleuchtend, dass erst eine hohe Anzahl von Wiederholungen der optimalen Technik des Überkopfballs das Einschleifen der Bewegung gewährleistet. Wenn Sie den Überkopfball ein einziges Mal in Ihrer Übungsstunde sauber treffen und die Stunde anschließend abbrechen, dann hat die Investition in den Trainer wenig gebracht, denn die optimierte Technik ist nicht anwendungssicher abgespeichert und Sie werden beim nächsten Meisterschaftsspiel wieder Punkte durch die schlechte Ausführung des Schlages verlieren.

Wir möchten diese sportlichen Erkenntnisse nun wieder in den verkäuferischen Bereich übertragen.

10.1 Qualität und Quantität im Training

Training wird dann erfolgreich zur Entwicklung Ihrer Verkaufspersönlichkeit beitragen, wenn die folgenden Kriterien erfüllt sind: a) Die Inhalte des Trainings müssen die Praxis des Trainees abbilden, basierend auf den Instrumenten des **strukturierten Verkaufsgesprächs.** b) Wirkungsvolles Training benötigt professionelles, hochwertiges **Feedback,** aufbauend auf möglichst real abgebildeten Praxissituationen. Diese Art von Feedback entwickelt und macht den Leistungsstand des Trainees und die

Lernkurve sichtbar. Die Hochwertigkeit beim Feedback entsteht durch den Abgleich der erkennbaren Leistungen (des Trainees) mit den in der jeweiligen Praxis als idealtypisch erkennbaren Mustern.

Uns gefällt in diesem Zusammenhang in der eingangs genannten Definition des Begriffs Training der Begriff „überschwellige Muskelanspannung zum Zwecke der Leistungssteigerung". Wenn wir diese Idee auf das Training der Instrumente des **strukturierten Verkaufsgesprächs** übertragen, dann ist unsere Forderung auch hier, überschwellig zu trainieren. Also wollen wir im Training gewissermaßen über das Ziel hinausschießen und nicht nur den Status Quo bedienen. Dazu gehört, dass wir bereits im Training antizipieren, welche Anforderungen die Zukunft stellen wird. Analog dazu: Wenn Sie im Fitnessstudio stets mit der freien Hantel 75 kg auflegen, dann ist die Leistung möglicherweise gut, aber Sie werden sich nicht verbessern. Vielleicht war dieses Gewicht im Vergleich vor Jahren auch sehr gut. Heute bemerken Sie jedoch, dass einige Ihrer Trainingspartner auch 90 kg oder mehr auflegen können.

In Bezug auf den verkäuferischen Bereich heißt das: Wenn Sie immer nur den Umgang mit den Standardeinwänden Ihrer Kunden trainieren, dann schwimmen Sie sicher auch auf einem durchschnittlichen Level mit. Reicht Ihnen das? Oder wäre es nicht lohnenswert, Einwände jetzt schon zu antizipieren, die zukünftige Veränderungen definitiv mit sich bringen werden?

Wir wollen Ihnen mitgeben: **Stören Sie sich regelmäßig in Ihren Gewohnheiten.**

(1) Setzen Sie sich immer wieder selbst auf den **Customer Chair** und stellen Sie sich diese Frage: „Was würde ich jetzt in der Situation des Kunden verändern oder verstärken?"

(2) Nutzen Sie Meetings, um im Team die Instrumente des **strukturierten Verkaufsgesprächs** zu trainieren. Dazu passt folgende Aussage von Carsten Leineweber aus den **Sales Excellences**: „Ich persönlich arbeite mit meiner Vertriebsmannschaft stets daran, die Sinne zu schärfen. Gerade das Instrument der **Einwandbehandlung** steht regelmäßig auf der Agenda unserer Vertriebsmeetings. Die Einwände des Kunden sind für uns eine Chance auf Mehrabsatz, wenn wir professionell damit umgehen."

(3) Suchen Sie den Input von außen, indem Sie regelmäßig einen externen **Coach** einbinden. Damit verhindern Sie, dass sich unreflektiert Fehler in der Anwendung der Instrumente einschleichen, die intern nicht bemerkt werden (können).

(4) Denken Sie daran, dass gewinnbringendes Training auch damit zu tun hat, an die Grenzen des bisher Bekannten zu gehen und etwas Neues zu Ihrem Repertoire hinzuzufügen. Streben Sie dabei an, Ihre persönliche **Komfortzone** zu verlassen, denn die persönliche Entwicklung findet häufig außerhalb der eigenen Komfortzone statt. Wer sich nicht in neue Bereiche wagt, verwaltet bekanntes Wissen. Das gilt insbesondere für Ihre Kompetenzen im Vertrieb.

Die Komfortzone zu verlassen bedeutet außerdem, sich mental in „Unsicherheit" zu begeben. Neues auszuprobieren ist somit eine Art von Wagnis. Freuen Sie sich also auf das mulmige Gefühl, wenn Sie sich für das nächste Verkaufsgespräch vorgenommen haben, an der einen oder anderen Stelle etwas anders zu machen.

Können Sie sich noch an die ersten Versuche auf Schlittschuhen, beim Fahrradfahren oder beim Anfahren mit dem Auto am Berg erinnern? Wer Angst vor der Blamage hat, wird einige Fertigkeiten nicht erlernen. Gestehen Sie sich also zu, dass Sie sich blamieren dürfen, frei nach dem Motto: „Lieber jeden Tag eine (kleine) Blamage, als nichts (neues) gelernt."

Unser Appell an Sie ist, dass Sie sich mentalen Raum schaffen und sich innerlich auf das nächste Verkaufsgespräch vorbereiten, indem Sie etwas umsetzen, was Sie bisher nicht umgesetzt haben, obwohl es Ihnen möglicherweise schon länger lohnenswert erscheint.

Damit das nicht ungeplant geschieht, haben Sie den Input parat, den wir bisher bereits erarbeitet haben: Die Basics der **Sales Toolbox** und ganzheitlichen Innovationen **der Sales Excellences**.

Unser Vorschlag lautet: Suchen Sie sich immer wieder Punkte aus diesen beiden Wissensspeichern heraus und bereichern Sie so Stück für
Stück Ihre professionelle Wirkung und wachsen Sie daran.

Quantität ist „…systematische Wiederholung…" und wird durch uns
auf den Bereich Vertrieb und Verkauf wie folgt übertragen: Die Frequenz
von Trainingsmaßnahmen, also die geplante Häufigkeit ist dann ausreichend sichergestellt, wenn der Trainee in der Lage ist, seine Verkaufsgespräche nicht nur am wirtschaftlichen Erfolg zu messen, sondern
zusätzlich an seiner persönlichen Anwendungssicherheit bei den **Instrumenten des strukturierten Verkaufsgesprächs**.

Es ist nicht ausreichend, diese Instrumente alle paar Jahre im Rahmen
eines Vertriebstrainings zu trainieren. Die Frequenz muss wesentlich
höher sein.

10.2   Vertriebsmeetings professionalisieren

Wir haben vor unserem Buchprojekt in zusammen über 50 Jahren Berufserfahrung schon zahlreiche Vertriebsmeetings erlebt. Mit etwas Abstand betrachtet, war der Ablauf dieser Meetings zum Teil eschreckend. Standardpunkt auf der Agenda waren Zahlen aus der Vergangenheit, die vom Vertriebsteam rauf und runter präsentiert wurden, an denen nichts mehr zu ändern war und deren Aussagekraft die gerade nicht präsentierenden Kollegen nur am Rande interessieren. So kamen am Ende 10 Charts mal 10 Außendienstmitarbeiter, dazu 30 bis 40 Folien vom Innendienst und selbstverständlich nochmals die gleiche Zahl an Charts vom Vertriebsleiter (auch im Namen der Geschäftsführung) zusammen. Ja, Sie haben richtig gezählt: Die Zahl der eng mit Zahlenwerk beschriebenen Folien bewegte sich häufig Richtung 200.

Statt dieser „Folienschlacht" schlagen wir Folgendes vor: **Professionalisieren Sie Ihre Vertriebsmeetings.** Reduzieren Sie den Umfang der Zahlen aus der Vergangenheit nach der Richtschnur „ein Drittel Blick zurück und zwei Drittel Blick nach vorne". Die gewonnene Zeit setzen Sie dann als festen Agendapunkt für das gemeinsame Training der Instrumente des **strukturierten Verkaufsgesprächs** ein.

Wenn Sie also heute oder zukünftig Vertriebsleiter oder Geschäftsführer sind, dann denken Sie an Ihre „prioritäre Führungsverantwortung: Den Erfolg der Zukunft sichern" (siehe Peters, 1999, 1988a, b). Und das tun Sie, sobald Sie das permanente Verkaufstraining als Ihre persönliche **Führungsverantwortung** erkennen.

10.3   Solo-Verkäufer

Lieber Leser, wie sieht nun eine geeignete Vorgehensweise aus, wenn Sie als Einzelkämpfer arbeiten und somit nicht Teil einer Mannschaft oder Organisation sind?

Unsere Empfehlung dazu lautet: Besuchen Sie regelmäßig „offene Trainings", an denen Menschen aus verschiedenem Unternehmen oder auch Einzelkämpfer teilnehmen und Sie somit auf gleichgesinnte Men schen stoßen. Bitte achten Sie bei Ihrer Auswahl der Trainings auf die praxisnahe Umsetzbarkeit der angebotenen Inhalte und vermeiden Sie Veranstaltungen, bei denen nicht die handwerklichen Aspekte im Vordergrund stehen, sondern motivationale Aspekte – diese sind zu häufig nicht zielführend.

Bei Ihren regelmäßigen verkäuferischen Weiterbildungen können Online-Trainings ein ergänzender Baustein sein, aber auch nicht mehr. Nach unserer Definition benötigt Training insbesondere eine Feedback-Qualität, die Sie persönlich entwickelt, aufbauend auf Ihrem **sichtbaren** und damit wahrnehmbaren Verkaufsgespräch.

Auch ein sehr guter Coach wird Ihnen kein umfassendes Feedback geben, wenn Sie (am anderen Ende der Leitung in Ihre Kamera blickend) nur Fragmente Ihrer Anwendungssicherheit bei den Instrumenten des **strukturierten Verkaufsgesprächs** darstellen können.

Sie sollten also auch regelmäßig an physischen Trainings teilnehmen, an denen auch die unbeliebten aber oft sinnvollen Rollenspiele stattfinden. Wobei wir den Begriff „Rollenspiel" nicht bevorzugen und tatsächlich für irreführend halten. Denn Verkaufen ist kein Spiel. Streichen wir also den Begriff Rollenspiel und ersetzen das Wort durch **Training.** Übrigens trainiert ein Profifußballer die bereits angesprochenen 5 bis 6 Tage je Woche ohne dass die Mannschaft physisch zugegen ist, die am Spieltag der Gegner sein wird. Niemand würde auf die Idee kommen, das gesamte Training als Rollenspiel zu bezeichnen.

11

Messbarkeit des strukturierten Verkaufsgesprächs (9-Kriterien-Schnelltest)

Kommt Ihnen folgende Situation bekannt vor? Nach dem Verkaufsgespräch oder Jahresgespräch sitzen Sie im Auto, in der Bahn oder im Flugzeug und fragen sich, wie Sie auf den Kunden gewirkt haben.

Neben dem vielleicht schon abschätzbaren wirtschaftlichen Erfolg haben wir in diesem Buch regelmäßig gefordert, dass Sie hinterfragen, inwieweit Sie die Instrumente des **strukturierten Verkaufsgesprächs** umgesetzt haben. Für Ihre Selbstüberprüfung stellen wir Ihnen nun ohne Anspruch auf Vollständigkeit einen 9-Kriterien-Schnelltest zur Verfügung (s. Abb. 11.1). Bitte wenden Sie diesen Test direkt nach einem Verkaufsgespräch an und seien Sie ehrlich zu sich selbst.

Bei den Kriterien ist zunächst die maximal erreichbare Punktzahl angegeben. In das Kästchen daneben sollten Sie bitte die Punktzahl eintragen, die Sie sich selbst geben.

Die maximal erreichbare Punktzahl beträgt 31. Ein Ergebnis über 21 Punkten sollte bereits ein gelungenes Verkaufsgespräch sein und ein Ergebnis von 26 Punkten und mehr sollte grundsätzlich zum Verkaufserfolg führen.

© Der/die Autor(en), exklusiv lizenziert an Springer Fachmedien Wiesbaden GmbH, ein Teil von Springer Nature 2022
D. Döring, M. Zeller, *Das strukturierte Verkaufsgespräch*,
https://doi.org/10.1007/978-3-658-37166-1_11

Der 9-Kriterien-Schnelltest

1. Termin sauber vereinbart und bestätigt? ☐ 2 Punkte
2. Inhaltliche Vorbereitung gut strukturiert? ☐ 3 Punkte
3. Gesprächseinstieg positiv gestaltet? ☐ 3 Punkte
4. Bedarfsanalyse professionell durchgeführt? ☐ 4 Punkte
5. Kompetenzen des Customer Chair umgesetzt?
   5.1. Empathische Fähigkeit zur Resonanz über das gesamte Verkaufsgespräch eingesetzt? ☐ 4 Punkte
   5.2. Persönliche Vorbereitung für den Kunden erkennbar gemacht? ☐ 3 Punkte
6. Nutzenargumentation entlang der Wunschpunkte und Ziele des Kunden? ☐ 4 Punkte
7. Einwandbehandlung nicht nur auf der argumentativen Ebene? ☐ 3 Punkte
8. Konkreter Verbleib/Abschluss und klare Vereinbarung mit dem Kunden zu „Wer macht was bis wann?" ☐ 3 Punkte
9. Added Value Opening umgesetzt? ☐ 2 Punkte

Abb. 11.1 Der 9-Kriterien-Schnelltest

Spannend wird es, wenn Sie zu zweit oder in noch größerer Kopfzahl ein strukturiertes Verkaufsgespräch geführt haben und sich anschließend in diesem Verkaufsteam entlang des Schnelltests reflektieren.

Wir wünschen Ihnen viel Erfolg!

Ein ganz besonderes Dankeschön geht an Paul Bresan für Paul und die für dieses Buch entstandenen Zeichnungen.

Literatur

BetterWork Media Group. (2006). Going from CLO to CDO (Chief Destruction Officer). https://www.chieflearningofficer.com/2006/08/01/going-from-clo-to-cdo-chief-destruction-officer/. Zugegriffen am 19.12.2021.

Burmann, C., Halaszovich, T., Schade, M., & Piehler, R. (2018). *Identitätsbasierte Markenführung, Grundlagen – Strategie – Umsetzung – Controlling.* Springer Gabler.

Cosman, D. (2012). Cervecería Bonilla, Puerto de Huelva by CDC. https://www.youtube.com/watch?v=eVYx_K231uk. Zugegriffen am 04.12.2021.

Covcy, R. S. (2005). *Die 7 Wege zur Effektivität, Prinzipien für persönlichen und beruflichen Erfolg* (29. Aufl.). Gabal.

Die Duale. (2021). Die Duale macht uns groß. https://www.die-duale.de/die-duale/de/home/home_node.html. Zugegriffen am 20.12.2021.

Duden. (2021). Bedeutung Empathie. https://www.duden.de/rechtschreibung/Empathie. Zugegriffen am 27.11.2021.

Drucker, P. F. (2008). *The five most important questions you will ever ask about your organization.* Leader to Leader Institute.

Förster, A., & Kreuz, P. (2020). *Vergeude keine Krise! 28 rebellische Ideen für Führung, Selbstmanagement und die Zukunft der Arbeit.* Förster & Kreuz GmbH.

Granet, M. (1985). *Das chinesische Denken. Inhalt – Form – Charakter*. Suhrkamp.

Keller, G. (1993). *Die Leute von Seldwyla*. Reclam.

Hollmann, W., & Hettinger, T. (2000). *Sportmedizin, Grundlagen für Arbeit, Trainings- und Präventivmedizin*. Schattauer.

Illner, M. (2021). Diese fünf Lügen von Donald Trump werden in Erinnerung bleiben. https://web.de/magazine/politik/donald-trump/fuenf-luegen-donald-trump-erinnerung-35462884. Zugegriffen am 27.11.2021.

Landow, G. P. (2007). A Ruskin Quotation? https://victorianweb.org/authors/ruskin/quotation.html. Zugegriffen am 24.11.2021.

Luhmann, L., & Baecker, D. (Hrsg.). (2017). *Einführung in die Systemtheorie*. Carl-Auer.

Mann, T. (1964). *Bekenntnisse des Hochstaplers Felix Krull*. Aufbau Verlag.

Miller, A. (1976). *Death of a Salesman*. Penguin Books.

Monster. (2021). https://www.monster.de. Zugegriffen am 09.02.2021.

Paracelsus. (1529/2014). *Das Buch Paragranum, Septem Defensiones* (K.-M. Guth, Hrsg.). Contumax – Hofenberg.

Pareto, V. (1906/1964). *Cours d'Économie Politique* (G.-H. Bousquet & G. Busino, Hrsg.) Librairie Droz.

Peters, T. (1999). *Der Innovationskreis*. Econ.

Peters, T. (1988a). *The circle of innovation*. Alfred A. Knopf, Inc.

Peters, T. (1988b). *Search of Excellence: Lessons from Americas Best Run Companies*. Grand Central Publishing.

Schäfer, A. (2008). *Die Kraft der schöpferischen Zerstörung: Joseph A. Schumpeter*. Campus.

StepStone. (2021). https://www.stepstone.de. Zugegriffen am 09.02.2021.

Versicherungswirtschaft. (2020). AGV – Zahl der Beschäftigten ist 2019 leicht gestiegen. https://versicherungswirtschaft-heute.de/maerkte-und-vertrieb/2020-03-11/agv-zahl-der-beschaeftigten-ist-2019-leicht-gestiegen/. Zugegriffen am 20.12.2021.

Washington Post. (2021). Fact checker. https://www.washingtonpost.com/graphics/politics/trump-claims-database/. Zugegriffen am 27.11.2021.

Woodhead, L. (2012). *Shopping, Seduction & Mr Selfridge*. Profile Books Ltd.

Würth. (2021). Einstiegsmöglichkeiten im Vertrieb. https://www.wuerth.de/web/de/awkg/karriere/berufserfahrene/vertrieb/vertrieb.php. Zugegriffen am 20.12.21

Zeller, M., & Drescher, F. (2017). Procurement management in the German restaurant industry: A comparison between top 100 restaurants and smaller restaurants. *Journal of Culinary Science & Technology, 15,* 360–379.

Zywietz, A. (2021). Der Kunde ist König – ein Mythos? https://blog.hubspot.de/service/kunde-koenig. Zugegriffen am 27.11.2021.

The manufacturer's authorised representative in the EU is Springer
Nature Customer Service Centre GmbH, Europaplatz 3, 69115 Heidelberg,
Germany. If you have any concerns regarding our products, please
contact ProductSafety@springernature.com

Printed and bound by CPI Group (UK) Ltd, Croydon, CR0 4YY
28/04/2026
02098487-0003